事務次官という謎

霞が関の出世と人事

岸　宣仁
経済ジャーナリスト

794
中公新書ラクレ

プロローグ——霞が関の「聖域」

「事務次官」——「事務」と「次官」を組み合わせただけの平易な言葉だが、日本の官庁街である霞が関の役人にとっては、勝利の美酒に酔いしれるような、曰く言い難い特別の響きがある。同期入省の中から三十数年の歳月をかけて選び抜かれたエリート中のエリートであり、官僚の上に立つ政治家からも一目置かれる存在と見られた。

それぞれの官庁の最高位として、日本に官僚制度が設けられて以来一三七年間、名称こそいくつかの変遷を辿ったものの、役職の本質は変わらずにきた。青雲の志を抱いて霞が関の門をくぐり、出世すごろくを一歩一歩昇り詰めるキャリア官僚。彼らが毎年の人事異動の積み重ねの中から勝ち上がり、最後に栄光のポストとして仰ぎ見る存在こそ事務次官なのである。

キャリア官僚は各府省の課長級までほぼ全員がエレベーター式に出世し、この中から部長や審議官といった「中二階」ポストへと進み、さらには局長、そして栄光のポストである事務次官が生まれる（なお、ノンキャリアは出世のスピードがきわめて遅く、出世頭であっても課長級までの昇進にとどまり、本省の審議官や局長にまで昇格するのはきわめて稀である）。

事務次官の創設と同時に定められた役割も、この一三〇年余ほとんど変わっていない。官僚組織の在り方を規定する国家行政組織法は、次官のそれを以下のように定める。

「事務次官は、その省の長である大臣を助け、省務を整理し、各部局及び機関の事務を監督する」（第十八条第二項）

この条文を一読して、読者はどんな感想を抱くだろう。元来、法律とは不備がないよう最大公約数の約束を文章化するものだが、それにしてもこの規定は何を言おうとしているのか。ポイントのみを抽出すれば「大臣を助け、省務を整理し、事務を監督する」となるが、言わずもがなのことを羅列しただけで、次官がいったいどんな任務を帯びているのかさっぱり国民に伝わってこない。

単なるお飾り？　そんな下衆《げす》の勘繰りさえ浮かんでくる、一世紀以上にわたって連綿と続く聖域ともいえる役職なのだ。実際、同じ官僚仲間と比べても、特別な存在として処遇される。

第一に、国権の最高機関である国会に呼ばれ、説明責任を求められることがない。出席しなくていい法的根拠はどこにもなく、長い間の慣例による治外法権ともいうべき存在として君臨する。

二つ目に、政治主導の掛け声の下、各府省に大臣、副大臣、政務官が配置されている中で、事務次官の位置づけが必ずしも明確ではない。「大臣を助ける」役割から、副大臣と同列と見る向きもあるが、政官の役割分担はいまだ曖昧《あいまい》なままだ。

そして三つ目、以前は毎週定例の記者会見を開いてきたが、民主党政権が廃止した結果、今はその機会がゼロになった。諸外国の次官は担当府省の人事や予算などの組織運営に責任を負うとともに、対外的な説明責任が求められるが、日本の次官は説明の場さえ失われたまま今日に至る。

加えて、近年とみに進む事務次官ポストの短命化には目を覆うものがある。大蔵・財務省次官の平均在職年数を調べてみると、それは一目瞭然である（詳しくは2章を参照）。

現在の茶谷栄治次官まで九二代、八八人（戦前には四人の人物が次官に二度就任した）を数えるが、戦前は一年九ヶ月と二年には満たないがそれなりの任期を務めている。それが戦後になると一年四ヶ月になり、このうち平成以降では一年二ヶ月とかろうじて一年有余を維持しているのが現状だ。

官と民を単純に比較するのはためらいもあるが、民間の社長が一年程度で次々と交代していたら、世の中からどんな目で見られるだろう。上場企業であれば株式市場から「アウト」の判定を下されるだろうし、そんな企業が生き永らえるとはとても思えない。

在職年数の短さは言うに及ばず、日本では次官が府省間をまたいで歴任した事例は皆無に近い。同様に、官民交流が声高に叫ばれながら、民間人が府省のトップに就いた例もいまだ耳にしたことがない。それだけ次官が官における聖域として扱われてきた証拠であり、旧態依然とした組織の岩盤は揺らぐことがなかった。

＊

そんな事務次官という存在に関心を持つようになったのは、若かりし頃に同年代の官僚と四方山話に興じた原体験による。一九八〇年代初め、新聞記者として初めて旧大蔵省（現財務省）の記者クラブである財政研究会（略称・財研）を担当した時、何とかこの役所の奥の院に迫りたいと、恥ずかし気もなく初歩的な質問を彼らにぶつけることを繰り返した。

「ところで、事務次官ってそんなに偉い人たちなんですか？」

あまりに幼稚な質問だけに、物笑いの種になるかと一瞬不安に駆られたが、三十歳を出たばかりの若手課長補佐の一人は、こちらを咎《とが》めることもなく笑いを交えてこんな答えを返した。

「次官？　ああ、あれは所詮、セレモニー屋ですよ」

「えっ、セレモニー屋……」

一瞬、意味が呑み込めず、怪訝《けげん》な顔をしていると、若手ならではの次官に対する認識を説明した。

「新人歓迎会とか、定年退職者のご苦労さん会とか、省内のセレモニーを主催する立場にある。時には訓示要員の役目もあり、要するに、大いなる名誉職というところかな」

あまりに素っ気ない解説ぶりに返す言葉を失ったが、若手はほぼ入省一〇年前後、まだ次官までは二十数年に及ぶ出世競争を乗り越えなければならず、彼らにとってまだまだ遠い存在に映ったからこそ、こんな突き放したような見方になったのだろう。もっとも、似たような解説をした若手はみな同期のトップクラスを走っており、心の奥底で「いずれは自分も」と強い願望を抱いていたのは間違いなく、実際、彼らのうち数人がのちに次官の椅子を射止めているが……。

事務次官に対する見方は時代とともに変わってきたはずだが、こんな会話を交わしてからすでに四〇年、現在の官僚制度の原型となる各省官制創設から一三〇年余が過ぎたが、次官に関する制度上、法律上の役割はまったくと言っていいほど変わっていない。十年一日の如くという言い回しがあるが、官僚の世界にあっては百年一日の如く変わらずにきた象徴的な存在が、事務次官と言っても過言ではないのだ。

霞が関を取り巻く環境は、今や悪化の一途を辿っている。一九九〇年代後半に世の中を震撼させた大蔵省不祥事以降も、最近では経済産業省の若手キャリア二人がコロナ給付金詐欺で逮捕されるなど、官僚による不正行為や事件は後を絶たない。現実問題として、過去三〇年余の間に一八人の次官が辞任・逮捕に追い込まれており、二年に一人以上の割合でトップにアウトが宣告された事実は何を意味するのだろうか。

とりわけ近年は、国家公務員試験の申込者数減少や若手キャリアの退職者数増加が目立ち、優秀な人材の確保がますます難しくなって、これから先も公務員制度を維持できるかどうかの正念場に立たされている。その背景に、国会業務対応に象徴される長時間労働（ブラック職場と揶揄される）が敬遠されているのは明らかだが、三十数年に及ぶ出世競争の末に辿り着くポストとして、事務次官そのものの魅力が薄れているのも事実だろう。

今後、国家公務員制度改革が繰り返し議論の俎上に載るのは必至であり、今こそ次官制度の本格的な見直し論が問われて然るべきだと思う。平時であれば見過ごされてきたテーマだが、今日のような大変革期には、トップのレゾンデートル（存在意義）に真正面からメスを入れる必要がある。少なくとも位人臣を極めて安住するだけの次官には即刻退場してもらい、各府省の先頭に立って組織改革に全力投球してもらうべく、人事評価制度の厳格化や公募制の導入をはじめ、さらなる競争原理を導入した抜本的な改革が急がれる。

目次

2章　「名誉職」に過ぎないのか？

4章　冬の時代――先細る天下り先、激減する志望者

図表作成・本文ＤＴＰ／今井明子

事務次官という謎

霞が関の出世と人事

【編集部注】

①霞が関の役職には「次官級」という呼称があり、例えば財務省であれば財務官や国税庁長官がそれに相当するが、本書ではあくまで「事務次官」のポストに焦点を当てた。

②本文中に登場してもらった人物の肩書きは当時のものを原則とし、敬称は略させていただいた。

1章

その椅子のあまりに軽き

相次ぐ次官辞任劇の深層

1　セクハラ次官と有力候補の失墜

三一年間に一八人

霞が関の事務方トップが辞任に追い込まれる──それは、日本の行政機構にとって重大な失態を意味するが、過去を振り返ると、事務次官の辞任劇は想像以上の確率で起きている（図表1参照）。

一九八八年、政官界に激震が走ったリクルート事件で、文部省の元次官が未公開株の譲渡を受けて逮捕された。このケースを起点にすると、二〇一九年十二月、かんぽ生命に関する情報漏洩問題に絡み総務省の事務次官が更迭されるまで、約三一年間に一八人の次官が辞任あるいは逮捕に追い込まれている。一・七年に一人の割合で責任を取らされた恰好だが、官庁の中の官庁の名をほしいままにしてきた大蔵・財務省は四人にのぼり、全体の四分の一弱を占める。次官の任期は通常一年もしくは二年なので、二期（一期二年）または三期が一般的な民間企業のトップと単純に比較するのは難しいが、一・七年に一人が辞める現実はやは

■図表1　事務次官の主な辞任・逮捕

1988年11月	文部省元次官が現職当時、衆院選出馬に向け政治活動をしたと国会で批判を受ける。その後、リクルートコスモス株の譲渡が発覚し、逮捕、有罪
89年3月	労働省元次官がリクルートコスモス株の譲渡や接待などを受け、逮捕、後に有罪
94年12月	前次官の子息の衆院選出馬に際し箔付け人事をめぐって省内が混乱した責任を取って通産次官が辞任
95年5月	大蔵省の次官が、国民福祉税構想や職員の過剰接待問題の責任を取り、任期を1ヶ月前倒しして辞任
96年1月	大蔵省の次官が、住宅金融専門会社処理や大蔵省不祥事の批判を受けて在任7ヶ月余りで辞任。不祥事の続発や、住専の処理方針などをめぐる大蔵省批判の高まりを受け、「省内の士気の曇りをなくし、人心を一新するため」
7月	薬害エイズ問題を放置した責任を取って、厚生省の次官が辞任
11月	厚生省の次官が、社会福祉法人の汚職事件で利益供与を受けた疑いが強まり辞任。後に逮捕、実刑
98年1月	当初、留任して省改革に取り組む姿勢だった大蔵省の次官が、金融検査汚職事件や大蔵省不祥事の責任を取って辞任
2002年1月	農林水産省の次官が、事実上、BSE（牛海綿状脳症）対策をめぐる不手際の責任を取って辞任 アフガニスタン復興支援国際会議への非政府組織（NGO）参加拒否問題をめぐる混乱を受けて、田中眞紀子外務大臣の辞任と同時に外務省の次官も辞任
07年8月	公的年金の記録漏れ問題が国民の大批判を浴び、社会保険庁長官と厚生労働省の次官が辞任
11月	元防衛次官が在任中、航空・防衛分野の専門商社からの収賄で逮捕。後に実刑
08年9月	汚染された事故米の不正転売問題に絡み、農水省の次官が辞任
11年8月	東京電力福島第1原発事故の対応の不備、ならびに国主催の原子力関連シンポジウムをめぐる「やらせ」問題の責任を取って、原子力安全・保安院長、資源エネルギー庁長官とともに経済産業省の次官が辞任
17年1月	文部科学省の次官が、組織的な天下り斡旋に関与したとして懲戒処分を受け、辞任
7月	南スーダン国連平和維持活動の日報隠蔽問題で、陸上幕僚長とともに防衛省の次官が辞任
18年4月	週刊誌で女性記者へのセクハラ問題を報じられた財務省の次官が辞任
19年12月	かんぽ生命の保険の不適切な販売をめぐる問題に関して情報を漏洩したため、総務省の次官が辞任

り異常という他はない。一時、霞が関では、「次官の椅子のあまりに軽き」と物悲しい嘆き節さえ聞かれたことがある。

主に大蔵・財務次官がどのような経緯で辞任に追い込まれたか、四人の事例を最初に取り上げてみる。そこには、行政の過剰介入、不祥事、古色蒼然とした体質……などさまざまな要因が絡み合うが、辞任に至る道筋には政官関係の微妙なきしみが影を落としているのも事実だった。

前代未聞のセクハラ騒動

まず、世の中を騒然とさせた財務事務次官の辞任劇から取り上げよう。よくマスコミが好んで使うフレーズに、「前代未聞」「空前絶後」があるが、この辞任劇ほどこれらの言葉がぴったり当てはまる不祥事を知らない。そう、読者にとっても記憶に新しい、福田淳一元次官（八二年＝入省年次、以下同）の女性記者に対するセクシャルハラスメント（セクハラ）騒動である。

福田が次官に就任する一〇年ほど前から、次官の重みは徐々に薄らいできていた。それまでの同期から一人という慣行が崩れ、二人あるいは三人の次官が誕生するケースが相次いでいたからだ。そんな流れに棹差すように福田のセクハラ騒動が表面化し、その実態のあまりの品の無さに、曲がりなりにも事務方トップの威厳を保ってきた次官という存在が、一瞬にして地に堕ちたような印象を与えた。

『週刊新潮』がスクープしたテレビ朝日女性記者へのセクハラは、会話の内容が録音されていたこともあり、福田のいかがわしい肉声が巷《ちまた》に流れ出た。同期の中から三十数年に及ぶ出世競争を勝ち抜いた次官が、こんなハレンチな言動をするのか――開いた口が塞がらないというのが世間の正直な感想だったに違いない。前代未聞と言っていいセクハラ行為を、財務省の同僚がどんな思いで受け止めたか、次官経験のあるOBから現役の中堅幹部まで、数人に率直な感想を聞いて回った。

それらを紹介する前に、まずはセクハラ騒動のあらましを振り返っておく。

『週刊新潮』は「ろくでもない「財務事務次官」のセクハラ音源」と題する特集記事を掲載、福田が女性記者に飲食店で「胸、触っていい？」「手、縛っていい？」「予算通ったら浮気するか」などとセクハラ発言を繰り返していたことを報じた。その翌日には、福田と思われる音声データがネット上に公開され、言い逃れが難しい状況に追い込まれた。

それでも福田は、「あんなひどい会話をした記憶はない」と完全否定する姿勢を強調する一方、「音声は自分のものと認めるのか」と突っ込まれるや、「自分の声は自分の身体を通じて聞くのでよくわからない」などと意味不明の弁明に終始した。話が話だけに、質問の矢が放たれれば放たれるほどボロが出るのは自明だったが、事務次官にまで昇り詰めた人物がこれほどの醜態を演じるとは、戦後入省の次官経験者のほぼ全員を直接知る筆者にとって、「これが今の次官の実態なのか」と阿呆らしさを通り越して哀れささえ感じた。

そしてこうしたハレンチな言葉の数々以上に、一記者の固定観念を刺激したのは、福田が随所に差しはさむ「僕はもう、仕事なくなっているから」「やることがないから」「俺はいま暇だから」……といった自嘲とも、投げやりとも取れる発言だった。次官とはそんなに暇な役職なのか――大蔵省担当の駆け出し記者の頃、若手のキャリア官僚から聞かされた言葉の断片がふと胸の内をかすめたが、その点については次章で詳述するのでそちらを参考にしてもらいたい。

ワルの文化

ほとんど開いた口が塞がらない後味の悪さを感じさせる音声を聞きながら、百数十年前の大蔵省創設後、この役所にひそかに根づいてきた「ワル」と呼ばれる文化も脳裏に浮かんだ。

ワルと言っても、いわゆる悪党や悪人など犯罪者に近い人物を指すわけではなく、一言で説明すれば、「勉強もできるが、遊びも人一倍できる秀才」をそう呼んできたのだ。

そんなワルの文化がいつ頃花開いたかは定かではないが、官界や法曹界に進む一群のエリート候補を全国から集めた旧制高校——その中でも東京に置かれる旧制第一高等学校（通称・旧制一高）は最上位の位置づけにあった——の卒業生がつくり上げた文化だと言われる。高校の寮生活で、酒を飲んで暴れたり、弊衣破帽・高下駄姿で道を歩きながら高歌放吟したり、単にガリ勉タイプの秀才でなく、大いに羽目を外して馬鹿騒ぎのできる人物が一目置かれる存在となった。飛び切りの秀才に似つかわしくない傍若無人ぶり——そのギャップの大きさが、秀才をより引き立てる効果を生み、とりわけ官界最高峰の大蔵省ではそんな人物が出世の先頭集団を走る傾向が強かった。

さすがに大蔵省不祥事による一一二人にのぼる大量処分（一九九八年）で、ワルは一掃されたと思われていた。処分の基準は民間金融機関などからの接待の多さであり、俗っぽく言うなら「遊びの度が過ぎた」人たちが訓告や戒告の対象になったため、ワルの文化そのものにとどめが刺されたと受け止められたからだ。

だが、表向きワルの芽は摘まれたように見えたが、地下茎でしぶとく生き延びていた。伝統的なワルの文化からすると、福田のケースは小粒で稚拙な印象を受けるが、やはり事務次官という頂点を極めた人物が演じたセクハラ疑惑だけに、外から見る目はより厳しくなって当然であった。

「福田さんは頭も良いし、捌《さば》きも速いので、同僚が一日かけてやるのを自分は五分あればできるし、余った時間を遊びに使って何が悪いと思うタイプ。あえて言えば、真面目な顔をして真面目なことをしても面白くない、チャラけた部分を演じることで自分をより大きく見せることに快感を感じていたのではないかと思う。福田さんを見ていると、財務省にあってワルの文化の最後の徒花《あだばな》という感じがするし、優秀さからして主計局長にはふさわしかったのかもしれないけど、やはり事務次官となると不適格な人だったと思いますね」

ある現役の幹部はそう言って、福田の二〇年近い先輩に当たる涌井洋治元主計局長（六四年）の名を挙げた。涌井は石油卸商から絵画を贈られた問題などで、主計局長から次官になれなかった人物だが、涌井と福田に共通するのは「品の無さ」であり、財務事務次官にはそれなりの「品の良さ」が求められるというのである。

出世コースの最終段階として見れば、主計局長から次官へは最後の一歩に過ぎないが、そこには本来、大きな壁があって然るべきなのかもしれない。歴代次官の中でも「ワル」の最右翼と見られ、退官後は「ドン」の称号を与えられた山口光秀元東京証券取引所理事長（五一年。故人）が、記者クラブ主催の退官記念の会（八六年七月十四日、「送る会」と呼んでいた）の挨拶《あいさつ》で、こんな心情を吐露したメモが残っている。

「私は、主計局長なら私以外にいないと思っていたが、次官の器かと言われるとあまり自信がなかった。松下（康雄元日本銀行総裁、五〇年）さんや、吉野（良彦元日本開発銀行総裁、五三年）君の間に挟まれて、これも巡り合わせだったのかと思っている」

山口の場合も、新橋の芸者とゴルフをしているところを写真週刊誌に撮られたり、そのワルぶりゆえにマスコミの好餌になることがあった。山口がどのような「次官の器」を思い描いていたか聞く機会がなかったが、主計局長と次官を隔てる壁を強く意識していたことだけは間違いない。

相談したくなるトップ、そうでないトップ

話がやや脇道にそれたが、福田が女性記者に執拗に繰り返した「僕は仕事がなくなっている」という趣旨の会話は、何を意味するのだろう。「暇だから」という呟《つぶや》きも、単なる照れ隠しではない、次官の立場の一面をはしなくも露呈しているのではないかという思いにとら

われた。

「総合調整」を主な任務とする次官だけに、その時々で多忙であったり、そうでなかったり、時と場合によってさまざまなケースが想定される。そのため「次官は暇ですか？」と安直な質問もできないなと思いながらも、次官経験のある有力OBに福田の言葉の背景をストレートに問い質してみた。OBは「福田君は異常人格というわけではないが、奇を衒《てら》う変な癖のある人物だという印象は持っていた」と前置きし、優れて福田の性格を反映したものではないかとの感想を語った。

「過去にも次官の時に処分を受けた先輩は何人かいるが、その背景は皆よくわかっている。事務方トップとして責任を取らされるのは気の毒と思う反面、これも時の運のようなもので、代表して責任を取るのは仕方がないで済む。でも、彼のセクハラ疑惑はまったく救いようのない話としか言いようがないですね。仮に、仕事がない、暇だと本当に言っていたとしたら、あまり部下の相談に与《あずか》っていないタイプなのではないか。次官には、彼がそこまで言うなら矛を収めようと思わせる器量がためされるが、そこに至る以前に、あの人と相談しても仕方がないと思わせてしまう何かがあったのかもしれない。相談したくなる人とそうでない人、トップにはいろいろな資質が必要だが、これも一つの重要な要素だと思いますよ」

中堅幹部の嘆き

先輩次官から見ると、福田のハレンチ行為は本人の性格による失態と映るようだが、現役の中堅幹部は「暇だ」「仕事がない」という暴言を、怒りを含んだ口調で厳しく非難した。

「やはり官僚をめざした以上、事務次官は心のどこかで一度は夢見る世界」と心情を素直に吐露した上で、仰ぎ見る次官という存在に幻想のようなものを抱いていた自分を、あの事件で心底恥じたという。

「正直なところ、次官というポストは本当に忙しいと思っていました。昼は省内の総合調整に奔走して、夜は夜で政界の大御所や経済界、マスコミの大物と会合を持ち、天下国家を論じているとばかり信じ込んでいた。そういう次官ならではの付き合い方が、我々部下が学ぶべき何かを示唆してくれるものと思っていた。それを、失礼ながら若い女性記者を相手に言葉遊びに興じていたなんて、つくづく次官の地位も堕ちるところまで堕ちたと痛感した出来事でしたね」

ただ、会合を持つにしても、あくまで割勘を前提に話している点を改めて強調した。総務省の幹部が菅義偉元首相の長男が勤める放送会社から頻繁に接待を受けていた事実が槍玉に挙がったが、この中堅幹部は「一方的にごちそうになるから問題なのであって、自腹を切って割勘にすれば何の問題もない。役所を引っ張る次官が最先端の情報に接しているのは大事なことで、一番高給を食《は》んでいる次官はそのぐらいの出費を覚悟して当然だと思う」と、国家公務員倫理規程の縛りに言及するのも忘れなかった。

福田のセクハラ騒動が財務省に残した傷痕があるとすれば、それは何だろう。若手の官僚が起こした不祥事ならまだしも、あえて繰り返すが、同期との三十数年の出世競争を制して勝ち上がった事務次官の空前絶後と言えるハレンチ行為なのだ。もう一人の中堅幹部は、九八年の大蔵省不祥事と重ね合わせながら、この騒動がそれとは別次元のインパクトがあったことを率直に認めた。

「二〇年前の大蔵省不祥事の頃は、大蔵官僚＝エリートというフィクションが成り立っていた。次官が次々に辞任に追い込まれ、大蔵省を見る目は一段と厳しくなっていたものの、明治時代からのキャリア制度の下で、変な言い方だがエリートの余韻というものがかろうじて残っていたと思う。それにとどめを刺したのが福田次官のセクハラ疑惑であり、財務省に限らず霞が関全体のエリート神話がこれで一気に崩壊したのではないか」

佐川長官と福田次官のW辞任で露呈したこと

　ところで、福田のセクハラ辞任には「事務次官」の存在意義とは何かを根本から問い直す課題が潜んでいる。それを明らかにするために、八二（昭和五十七）年同期入省の佐川宣寿《のぶひさ》元国税庁長官の辞任劇にも触れておく必要がある。

　学校法人森友学園への国有地売却をめぐる公文書改竄《かいざん》問題で、佐川が長官を辞任したのが二〇一八年三月九日。ナンバー2の次長が職務を代行する人事が発令されたものの、後任が決まらないままいたずらに日々が過ぎていった。

　佐川辞任から一ヶ月半後の四月二十四日、今度は次官の福田が辞任に追い込まれる。ここに、事務次官と国税庁長官という財務省ツートップが同時に不在になる異常事態が生じた。次官の職務代行は矢野康治《こうじ》官房長（前次官、八五年）が務めたが、こちらも後任が発令されないままずるずると月日が経過した。財務官を含めて三人いる財務省の次官級幹部のうち、二つのポストが空席になる前代未聞の状態が長く続いた。

　そして、二人の後任人事が発令されたのが、毎夏の恒例人事の時期に当たる七月二十七日だった。佐川国税庁長官辞任から約四ヶ月半、福田次官辞任から約三ヶ月の時が流れ、ツートップ不在は実に三ヶ月間に及んだのである。

当時の財務省内では、こんな皮肉交じりの会話がひそかにささやかれたという。

「トップ二人が欠けても、組織はそれなりに回るもんだね」

この指摘を喜ぶべきか悲しむべきか、言わずもがな、悲劇的な現実と受け止めざるをえないが、この会話には続きがあり、

「まあ、次官は所詮名誉職だから……」

と、冷ややかな結論で話は締めくくられたそうだ。

暴行事件で昇格をフイにした次官候補

セクハラ騒動で事務次官を辞任した福田淳一、こんなハレンチな事件で霞が関最高位の次官がその座を追われるとは想像だにしなかった。そうした衝撃のほとぼりが冷めやらぬ二〇二二年五月、官房長就任が有力視され、次官昇格もほぼ確実と見られていた小野平八郎総括審議官（八九年）が、泥酔状態で暴力行為に及び逮捕された事件は、もはや想像の域を超えて返す言葉が見つからなかった。最強官庁の名をほしいままにしてきた財務省に、世の中の常識からかけ離れた不祥事が、なぜこれほど相次ぐのか……。

それにしても、小野のケースは「理解不能」としか言いようがない。終電間近の電車の中

で、他の乗客から足を踏まれたと注意され、それがきっかけで口論になり、小野が殴る蹴るの暴行を働いたというものだ。警察の取り調べに「酔って覚えていない」と供述したそうだが、いかに泥酔していたとはいえ、そこまで自分を失って相手に暴力を振るうことができるものだろうか。

かつて新聞記者として旧大蔵省の記者クラブを担当した経験から、多くのキャリア官僚と知り合いになった。彼らの優秀さを形容する表現は枚挙にいとまがないが、大蔵省は金庫番として守りの官庁である制約から、政治家のごり押しにも決して取り乱すことのない「自己抑制」の精神に富んだ人物がほとんどだった。まして出世の階段を昇れば昇るほど、そうした精神の安定性がいやでも求められるようになり、極論すれば、いかに自分を抑えられるかが次官レースの最後の勝敗の分かれ目になると言ってよかった。

小野が務めていた総括審議官は局長級ポストで、次官に辿り着くまで官房長―主計局長のコースを残すのみ。人事は時の運も作用するので確実に次官になれたかどうかは神のみぞ知るところだが、省内の観測は「ほぼ確実」で一致していたと言われる。それほどの人物が酒の上の出来事とはいえ、入省以来三三年間積み上げてきた実績をなぜ一瞬にして棒に振る暴挙に出たのか。「魔が差した」などという通俗的な言葉で片づけられない深い心の闇があったとしか思えない。

小野の歩んできた次官コース

小野は県立熊本高校を経て、東大法学部に進んだ。開成、麻布、筑波大附属駒場といった有名進学校の出身者が次官争いの最前線でしのぎを削る昨今、地方の県立高校出身者は少数派だが、意外にも直近の過去二代、太田充（島根県立松江南、八三年）と矢野康治（山口県立下関西）が続いており、小野も彼らの系列に連なる可能性は十分にあった。

実際、それまで歩んできたポストも決して見劣りしない。主計局総務課を振り出しに、大臣官房文書課課長補佐などを経て、主計局の中でも出世頭といわれる公共事業担当の主計官に就任した。ここから文書課長などを経由して主計局次長になるのが典型的な次官コースだが、小野は主税局総務課長に転じ、官房審議官も主税局担当と税畑を歩んだ。

この間に消費税率引き上げなどで実績を残し、二一年七月の人事で総括審議官に昇進した。このポストは政府の経済対策や日本銀行との政策調整を担う窓口で、次官コースの登竜門である官房長への最短距離として近年、重みを増してきている。ここを無事に通過して官房長に辿り着けば、あとは主計局長から次官が約束されたも同然であり、二二年夏の人事では小野の官房長就任が事実上内定していたと噂された。

それが事実かどうか気になり、現役・OBの何人かに確かめた。ほぼ全員が「事実」であることを認め、ある一人は「小野が事件を起こしたのが五月二十日深夜。その約一ヶ月後に定期異動が予定されていて、人事当局は大騒ぎになったようだ」と秘話を明かした。

それほどの人物が、なぜ、泥酔状態で暴行などという信じ難い行為に及んだのか。よく政界を象徴する言葉として「一寸先は闇」が使われるが、小野の逮捕劇はそれを地で行くドラマとしか言いようのない不可解さを感じさせる。事件のあった五月二十日までに、親しい先輩から「官房長内定」を伝えられていたかどうかは知る由もないが、仮にそれが事実だとすると、その先にある「次官確実」が彼をあらぬ方向へ引きずり込んでしまったのだろうか。それは心の闇としか表現のしようがないが、あるいは本人も無意識のうちに暴行に及んでしまったのか。

「恐竜番付」

それを証明する術《すべ》は無いに等しいものの、一つだけ、想像を逞《たくま》しくする方法がある。財務省内に流布されてきた、パワハラ度合をランク付けした「恐竜番付」である。二〇一三年版の「新恐竜番付」を見ると、小野は西の前頭八枚目に登場している。

若手官僚の有志が作成したとされるこのパワハラ番付は、横綱、大関、関脇、小結、前頭と、大相撲の番付表を真似て作成された。上には横綱、大関などがいるわけで、前頭八枚目をどう評価するか微妙なところだが、前頭のちょうど真ん中に顔をのぞかせたということ自体、部下からはそれなりに怖い存在と見られていたのは間違いない。

事件後にマスコミに載った小野評は、「熊本の神童」「温厚な人柄で人望は厚かった」「酒は好きだが、乱れることなく寝てしまうタイプ」——など、好意的なものがほとんどだった。筆者が直接聞いた後輩の評も、「寡黙で派手さはないが、上司におもねらず筋を通す人」で、大きなブレはなかった。そんなポジティブな評価と、恐竜番付のネガティブな評価——二つの間に横たわるギャップの謎が解けて初めて、事件の本筋に迫るのが可能になるのかもしれない。

筆者の感想で言わせてもらえば、「前頭八枚目」というポジションは非常に解釈が難しく、この辺りから下位は作者の好き嫌いがかなり交じっていると思わざるをえない。ある時期一緒に仕事をして嫌な目に遭ったとか、作者の個人的な体験が前面に出て、必ずしも省内の共通認識を反映しているとは断言できないからだ。そう言っては謎解きからますます遠ざかってしまうが、独断の批判を覚悟で筆者なりの受け止め方を書いてみたい。

それは、予算や税金など国民生活に直結する事務を扱う財務省により強く表れる傾向だが、とりわけ財政政策は政治家の間で積極派と再建派の二つに分かれ、両者の板挟みになって根回しに苦労するケースが多い。葛藤の繰り返しのなか、幹部に昇れば昇るほど抱える苦悩も肥大化していき、そうした深層心理が泥酔状態にあって無意識のうちに爆発してしまったのか。その発火点を「心の闇」と呼んでいいか多少のためらいはあるものの、そうとしか考えられないのが事務次官を目前にした小野の不可解な事件であった。

ところで、小野のその後の処遇にも触れておこう。

暴行容疑で現行犯逮捕されたあと、東京区検から傷害罪で略式起訴された。この間財務省は小野を大臣官房付とし、減給一〇分の一（九ヶ月）の懲戒処分にした。

事件から半年後の十一月十八日、被害者との間で示談が成立したのを受け、財務総合政策研究所副所長の人事が発令された。研究所長にはすでに一年後輩が就任しており、その下に入る明白な降格人事となった。

2　大蔵省不祥事の爪痕

不良債権問題と過剰接待問題

時は今から二十数年前、一九九〇年代後半にさかのぼる。旧大蔵省にとって、それは疾風怒濤の時代と言っていい大荒れの日々が続いた。今も語り継がれる「大蔵省不祥事」が、燎原の火の如く燃え広がった数年間の出来事である。

大蔵省不祥事の予兆は、バブル経済崩壊後、民間金融機関が抱える不良債権が表面化し始めた頃から次第に顕著になった。信用組合の経営破綻を皮切りに、住宅金融専門会社（住専）、地方銀行、一部都市銀行と巨額の不良債権が次々と明るみに出て、金融行政の担い手であった大蔵省銀行局に批判の矛先が一気に向かった。

不良債権処理が喫緊の課題になる一方で、大蔵官僚に対する金融機関の過剰接待問題が火を噴いた。銀行の大蔵省担当（いわゆるＭＯＦ担）が行政の方向性を探るため、連日のように接待を繰り返していた事実がマスコミに書き立てられ、おのずと金融行政そのものが槍玉に挙がった。

その結果、大蔵省はキャリア官僚が贈収賄で逮捕されるとともに、最終的に一一二人の大量処分に踏み切らざるをえなくなった。この間に、主計出身の事務次官が三人も辞任に追い込まれている。ここでのキーワードは「主計局」という一部局であり、主計局長―次官と歩んだ出世頭が不良債権問題を背景にしながら、なぜ机を並べるように討ち死にしてしまったのか。

失敗に終わった大博打

まず初めに、斎藤次郎元次官（五九年）が一ヶ月前倒しで辞任を迫られたケースから話を始めたい。斎藤は大物次官の証明でもある二年間の任期を務め上げる直前、当時の自社さ政権（自民党、社会党、さきがけの連立政権）の与党、自民党との関係悪化により任期を一ヶ月残して辞めざるをえなくなった。

辞任の引き金は、斎藤が小沢一郎新生党代表幹事と組んで仕掛けた「国民福祉税」構想にあった。一九九四年二月三日未明、細川護煕首相が唐突に記者会見し、現行の消費税（当時三％）を廃止して税率七％の国民福祉税を創設することを表明した。この会見で記者から

「税率七％」の根拠を訊かれた細川が「腰だめの数字」と答え、国民の批判に火に油を注ぐ形になった。

この問題はのちのちまで大蔵省に深い傷痕を残すが、事の本質を突き詰めていくと、予算編成を担う主計局と税制改革を所管する主税局の手法の違いに行き着く。予算はあくまでカネを配分する作業であり、カネをもらって怒る人間はまずいない。それに対し、税金は国民の懐に手を入れてカネを召し上げる作業であり、取られる側は少しでも減らしたいと思うのが人の常である。

国民福祉税を細川に振り付けた斎藤は、主計畑出身の次官であり、国民の理解を得るために忍び足で根回しを進める主税の手法とは対極の世界を歩いてきた。当時、斎藤の意を受けた主計局幹部は、国民福祉税構想が動き出すきっかけとなる一シーンをこう語っていた。

「細川さんが総理大臣になる直前、斎藤次官を細川さんに引き合わせた。型通りの挨拶を終えて二人で部屋を出ようとすると『ちょっと……』と言って、斎藤さんだけを再び部屋に招き入れた。二人でしばらくひそひそ話していたが、この時、国民福祉税が話題になったのは間違いないと思う」

この時点で、斎藤と小沢の親密な関係は政官界でよく知られるところであり、二人の間で消費税率の引き上げが暗黙の了解になっていた、と見るのはいわば常識であった。小沢の後ろ楯を得て、斎藤は総理就任を目前に控えた細川に大蔵省の増税に懸ける思いを伝え、国民の期待が高かった細川新政権でぜひ実現させたいと期待しても不思議ではない。

それからしばらくして、主計局幹部は斎藤との間でこんなやり取りを交わしている。なお、この幹部は課長補佐時代、主税局に長く在籍した。

幹部「本当に（国民福祉税で）走っていいんですか。うまく行けば中央突破で大ホームランかもしれないけど、へたをすると博打の一点買いで大損する危険性もありますよ」

斎藤「だって、しょうがないだろ。今の政界で大蔵省を理解してくれるのは小沢さんしかいないし、その人がやると言ってくれているのに逃げるわけにはいかないじゃないか」

こうして細川首相による深夜の記者会見につながっていくわけだが、あまりに唐突な国民福祉税構想は国民の大批判を浴び一瞬にして瓦解した。この過程で、税制改革を担当する主税局には一切相談した形跡がなく、主計至上主義がピークに達しつつあった大蔵省の大博打が、一点買いの悲劇に終わる最悪のケースとなった。

斎藤辞任の衝撃

国民福祉税騒動から約一六年後、細川は『日本経済新聞』の「私の履歴書」(二〇一〇年一月二十二日付)で、次のように反省の弁を語っている。

「この会見で私は税率7%を『腰だめ』と述べて批判されたが、実は以前、斎藤次官に大蔵は実のところ何%ならいいのかと問うたのに対し『5%か6%』との答えだった。7%は将来の負担増を見込んでの話。こうしたことも念頭にあったので、そう言ったのだが、確かに私としては誠に不適切な発言だった」

この述懐の背後に、事務方トップの事務次官の立場が透けて見える。その職責の重さと同時に、「自分がやらずして誰がやる」という斎藤の功名心のようなものも見え隠れする。

博打の一点買いにより、大蔵省は斎藤の一ヶ月前倒し辞任という深手を負った。小沢と組んだ斎藤に対して自民党の不満、批判は頂点に達し、当時政調会長だった加藤紘一(故人)は、筆者のインタビューに皮肉交じりの激しい言葉を投げつけた。

「国民福祉税の話は、本当に粗雑だったと思う。税は国民を丁寧に、丁寧に説得し、苦労の末に理解を得ていくものですよ。それを予算をぶった切るように、主計のやり方でできると思うほうがよほどおかしい。（斎藤さんは）省内で一〇年に一人の大物次官と言われているそうだが、本当にそうでしょうかね」

任期を一ヶ月早めての辞任と聞くと、読者の中には「たいした処分ではないのではないか」と見る向きもあると思うが、これが実はそうではない。斎藤が一〇年に一人の大物次官かどうかはともかく、大物次官の証明である二年間の任期を約束されていたこと、予算を審議する通常国会の会期末を待たずに開会中に辞めさせられたこと、そして何よりそれまでタブーとされた大蔵省人事に政治の介入を許してしまったことから、世間一般が考える以上に斎藤辞任の組織に及ぼす衝撃は大きかったのだ。

官が前面に出る危険性

前述の主計局幹部は、事務次官の本来あるべき姿として、こんな総括をしてみせた。

「平時には、次官が省内でリーダーシップをとることは、まず考えられない。仮にあったとしても、それが外から見えるようでは危ない。城山三郎の『官僚たちの夏』のような、『三木次官、佐橋大臣』（三木が政治家で大臣、佐橋が官僚で次官だったのを、存在感の大きさにより立場を逆転させて表現したもの）は、役人の世界ではリスクのほうがむしろ大きい。大人物、大物次官であればあるほど、それを表に見せてはいけないんです」

「三木次官、佐橋大臣」は小説で有名になったが、当時の大蔵省で似たような言い回しが流行《はや》った。曰く、

――「藤井次官、斎藤大臣」

斎藤の四年先輩に当たる藤井裕久（五五年。故人）が大蔵大臣のポストに就くが、斎藤の存在感のほうが上で、陰でよくそう呼ばれたものだ。しかし、政と官の関係で言えば、官僚はあくまで政治に対する選択肢の提供者（補助役と言う官僚もいる）であり、主計局幹部の指摘にもあるように、官が前面に出るのは非常にリスクが大きいという教訓だった。国民福祉税構想の「粗雑な」打ち出し方は言うに及ばず、官が政を振り回す、あるいは官が政より存在感を示す行為が、本来の秩序を壊す大いなる危険性を秘めていることを、斎藤次官前倒し辞任ははしなくも露呈した恰好となった。

崖っぷちの篠沢次官

斎藤の後任として、篠沢恭助主計局長（六〇年）が事務次官のポストを引き継いだ。職員

を前にした次官交代挨拶で、篠沢は斎藤から「柳竹自在」という評を贈られた。柳や竹のように柔軟でしなやかだが、いざとなると大変粘り強い、という意味合いを込めた人物評である。

その篠沢が次官に就任したのは九五年五月だが、斎藤辞任の引き金になった国民福祉税構想の余韻がいまだ冷めやらず、大蔵省の威信低下は目を覆うばかりだった。この構想を裏で支えたのが小沢一郎新生党代表幹事であったことは先に触れたが、大蔵省を新生党寄りと見た自民党は、自社さ連立による政権復帰とともに大蔵省叩きを一気にエスカレートさせていく。

特殊法人の見直し問題では、日本輸出入銀行と海外経済協力基金の整理統合（現国際協力銀行）という、大蔵省にとって〝聖域〟ともいえる天下り先にまで踏み込まれる結果になった。あくまで統合反対を主張し続ける大蔵省に対して、自民党の加藤紘一政調会長らが、終始厳しい態度で臨み、両者の関係は悪化の一途を辿った。

加えて、旧東京協和信用組合による接待問題で、田谷廣明東京税関長（六八年）と中島義雄主計局次長（六六年）が訓告処分を受けたのをきっかけとして、省内の混乱にいっそうの拍車がかかった。二人の処分は省全体に広がりを見せる過剰接待・汚職露呈の前触れとなり、やがて前代未聞の大蔵省不祥事へとつながっていった。

次官就任から間もなく、篠沢と立ち話をする機会があった。もともと細身の人物が、気苦労からさらに痩せたように見え、「大変ですね」と一言声をかけると、苦笑いしながらこんな答えを返してきた。

「(自社さ政権の発足で)政治が大きく激動して、行政を進める上でいろいろ難しい手続きが増えた。先行きに対する確信が持てないというのが正直な気持ちですよ。まあ、ぶっ倒れるか、ぶっ倒れないか、行けるところまで行くしかないな」

次官の口を突いて出る言葉としては、ずいぶん弱気な発言だなと感じたが、それだけ大蔵省を取り巻く環境が厳しくなっていたのだろう。自民党との確執や田谷・中島問題など乗り越えなければならないハードルがいくつも立ちはだかるなか、篠沢次官を崖っぷちまで追い込んだのは、不良債権問題の先駆けとなる住宅金融専門会社(住専)の処理であったことは誰の目にも明らかであった。

そこには、自民党による長期安定政権を前提とした「五五年体制」が崩れ去った現実がはしなくも浮き彫りになった。言い換えれば、新たな政と官の関係を模索する上で、住専問題はその嚆矢《こうし》になったと言っても過言ではない。

住専問題という激震

話の順序として、住専問題とは何かの説明から始める。

住専は、個人向け住宅ローンを専門に扱うノンバンクの一種。都市銀行や信託銀行など母体行の業務を補完するために設立されたが、折からのバブル経済に後押しされて不動産や建設関連の融資を劇的に増やしていた。

ところが、いざバブルが崩壊すると、大量の不良債権の山が積み上がって七社が経営破綻に追い込まれる。最終的に金融行政を司る大蔵省の責任が問われ、六八五〇億円にのぼる公的資金（税金）を投入することにより、損失を穴埋めして住専は清算への道を辿った。

公的資金を計上した九六年度予算案を審議する通常国会は、冒頭から与野党が対立して紛糾した。小沢一郎党首率いる新進党はピケを張って審議をストップさせ、三週間もの間空転状態が続いたが、国会の階段に座り込む国会議員の姿がテレビに映し出されるのを覚えている読者も多いだろう。

この住専処理の一連の過程で、大蔵省事務次官の立場にあった篠沢は辞任を余儀なくされたが、今日に至るも政治との関係で辞任の真相は明らかになっていない。それは、篠沢が辞任直後から一切の説明を拒否したためだ。

その頃の取材メモを整理してみると、ある奇妙な構図が浮かび上がってくる。政と官——その中でも事務次官の存在意義を問うものであり、官の側から見る限り、篠沢は政治の犠牲になったとする受け止めだ。時の蔵相は新党さきがけの武村正義（故人）で、住専問題が大きなヤマを迎えた九六年度予算編成の前後に、武村—篠沢による息詰まる神経戦が展開された。

予算編成が佳境を迎えた九五年十二月九日、東京・赤坂の寿司屋で、村山首相と武村蔵相が会食。村山は自らの胸の内を、一方的に武村に伝えた。

「来年一月中に辞める。来年度予算案の審議に迷惑をかけないよう、通常国会の開会前に辞めたい」

首相の重大発言を耳にした武村は、周囲にこの事実を明かすことなく、内に秘めたまま粛々と予算の編成作業を進めた。この直後か、あるいはしばらく様子を見たあとか、時期は明確ではないが、篠沢に対して武村はこんな趣旨の言葉を投げつけた。

「住専問題では、政治責任も理解するが、事務当局も責任は免れない」

政と官の関係を持ち出すまでもなく、これは、暗に篠沢の辞任を促す発言以外の何ものでもなかった。篠沢が一切の説明を避けていたため、真相は藪《やぶ》の中だが、この武村のささやきをきっかけに篠沢は辞意を固めたとされる。

同十九日、住専処理案を閣議決定。六八五〇億円の税金投入で国民の批判はピークに達する。その翌日、篠沢はひそかに辞表を武村に提出するが、その際、「人心一新」を理由に掲げたようだ。

同二十四日、予算編成が終了。武村は篠沢の辞任を二十七日に公表する予定だったが、調整し切れずに年内断行を二十八日に決める。

武村からその旨を伝えられた篠沢は、御用納めで帰宅した小村武主計局長（六三年）を呼び出し、初めて同僚に辞意を打ち明けた。後任次官の小川是《ただし》国税庁長官（六二年。故人）に連絡を取ったのは、二十八日の深夜であった。

こうして翌二十九日、篠沢の辞任が正式に発表されたが、明けて九六年は年初から激動の一年が幕を明ける。

武村大臣の目に映った大蔵省

九六年一月五日、村山首相が退陣を表明。大蔵省では篠沢、小川の新旧次官が記者会見。

同十一日、村山内閣が総辞職し、橋本龍太郎新内閣が発足する。

ここまでが駆け足で振り返る篠沢次官辞任劇の顛末だが、在任期間は七ヶ月の短命に終わった。斎藤が一ヶ月前倒し辞任を迫られたとはいえ、一年一一ヶ月の在任期間をまっとうしたことを考えれば、篠沢の処遇に雲泥の差があったことは誰の目にも明らかだ。

しかも、篠沢が辞めるに至る経緯は、武村蔵相と篠沢次官二人だけの内輪話に終始しているように映り、典型的な密室人事の印象が拭えない。いち早く村山首相の退陣の意向を知るに及んだ武村が、その事実をおくびにも出さず、「(住専問題では)事務当局も責任は免れない」と篠沢に暗に辞任を促すシーンには、政治家武村のしたたかさというか、ずるさを感じないわけにはいかない。要するに、村山内閣総辞職と同時に自身の蔵相退任を見込んだ上で、篠沢の辞任を急がせたという図式である。

蔵相を辞めて間もなく、武村にインタビューする機会があった。話の矛先はおのずと篠沢辞任の背景に向かったが、「特定の問題で責任を取ってもらったわけではない」と機先を制するように語り、それ以上の説明は回避する姿勢に終始した。ただ、「一般論として話せば……」と前置きし、外部の目に映る大蔵省の姿を、武村なりの視点で解説してみせた。

「住専問題は、政治の責任も重い。それ以上に、政治に妥協して悪知恵を出し、財政に対する節操を失った大蔵省の責任は重い。あえて言えば、財政のモラルと官僚自らのモラルが崩れていっている。明治時代以来ずっと維持してきた権限の大きさが、腐敗の土壌になっており、住専や（田谷・中島らの）不祥事もそうした視点で見るべきだと思う」

この頃を境に、大蔵省は膨大な不良債権処理と過剰接待・汚職事件の荒波に巻き込まれていく。あとから振り返ると、篠沢の辞任は地獄への門のまさに入り口に当たるが、省内には「武村さんのオモチャにされた意味のない辞め方」という見方から、「斎藤さんは政治の圧力に抗して一ヶ月前倒しで頑張ったのに、篠沢さんにももっと泥を被ってほしかった」という意見まで、さまざまな声が飛び交った。すでに退官していた斎藤本人が「辞めるにしても辞め方がある。あれでは、自分が早く辞めた意味がないじゃないか」と、篠沢を批判したとする声も省内に流布され、突然の辞任劇は憶測が憶測を呼ぶ結果になった。

「総合判断」の辞意

実は、辞任からしばらくして、篠沢に直接その経緯を質したことがある。「まあ、今回のことは墓場まで持っていくしかないね」とハナから煙幕を張る口ぶりだったが、矢継ぎ早の質問を繰り返すうちに、以下の質問に遠回りながら思いの一端を吐露した。

武村蔵相に辞任を迫られたという見方がありますが。

「確かに、世の中には解釈学がいっぱいあってね。ただ、一つだけはっきりしていることは、僕が武村さんと喧嘩したり、武村さんが僕を無理矢理辞めさせようとした事実はないということ。まあ、(辞任は)異常な行動だから、勘繰られるのは仕方ないけど、ほとんど外からは理解できないだろうね」

官庁の中の官庁、大蔵省の事務方トップを務める事務次官の辞任の弁にしては、ややひとごとのように聞こえた。それだけ省内に数多くの問題が噴出し、どの問題の責任を取ってというより、「総合判断」で辞意を固めざるをえなかったということなのかもしれないが、政と官の関係で官が先行して引責辞任する前例をつくったことだけは確かだった。

篠沢辞任をめぐっては百家争鳴ともいえる激論が噴出したが、その中にあって、次官経験のある有力OBが「それにしても大蔵次官のポストが軽くなったなあ」と嘆きながら、そのあとに語った言葉が胸の奥深くに残った。

「篠沢君は迷いに迷った末に自らの辞任を決断したと思うが、本当の問題は辞め方にあるんじゃない。村山－武村両氏の政治的思惑に巻き込まれる形で、まるでつけ足しのように辞めさせられてしまったことに問題があるんだ。要するに、それまでの大蔵省ならどこかのチャンネルを通じて村山首相退陣の情報をつかんでいたはずだし、武村さんがそれをかなり前に知ったと言われることから、自分たちのボスにも本心を明かしてもらえなかった。残念ながら大臣官房文書課を中心に、情報収集能力という点でうちも並の役所におちぶれてしまったというしかないね」

大蔵省（現財務省）の威信低下が叫ばれて久しいが、篠沢次官の辞任が大きな転換点になったのは否定できないような気がする。

通産省「四人組」事件

篠沢が最終的に辞任を受け入れた背景には、住専問題に加え、中島義雄元主計局次長らの不祥事などいくつかの要因が挙げられるが、さらにもう一つ、これからさかのぼること二年前のある〝事件〟が先鞭をつけたのではないかという憶測があった。大蔵省のライバルともいえる通産省で起きた、内藤正久産業政策局長（現経済産業局長、六一年）の解任事件である。

発端は、通産省出身の熊谷弘通産相が次期事務次官の最有力候補だった内藤に辞任を要求したことに始まる。棚橋祐治前次官（五八年）の長男が衆院選に出馬するに際して、退官直前に特別に昇進させる〝箔付け〟人事をした、というのがその理由だった。

これに対して、内藤は「選挙に出馬する官僚を形式的に昇格させるのは慣例であり、辞任の理由にはならない」と強く反発。熊谷通産相の背後には、反棚橋・内藤の旗幟《きし》を鮮明にするいわゆる四人組が控えており、内藤の解任騒動は省内を二分する恰好で大揺れに揺れた。結局、省内の混乱が長引くことを恐れた内藤が、辞表を提出したことで一応の決着をみた。産政局長としての最後の記者会見で、内藤は「軽犯罪を犯して死刑を受けるのに等しい」と不満を口にして通産省を去ったが、政と官をめぐる確執が話をよりこじらせたのは事実だった。

当時、この一連の騒動を解説したマスコミの論調は、細川護熙政権の誕生を契機とした、政争劇と見るのが一般的だった。内藤が自民党商工族のドンともいえる梶山静六前幹事長(故人)と近く、熊谷が細川政権の生みの親である小沢一郎新生党代表幹事の側近だったことから、梶山と小沢の代理戦争の色彩が強かったという見方である。

霞が関からは、「官僚人事に政治権力が介入するのはおかしい」「過剰介入されると人事の中立性が保てない」など、不満や戸惑いの声が噴き出した。内閣人事局が発足する約二〇年前の出来事であり、それまでの政治と官僚の人事慣行システム――官僚が決めてそれを政治家が追認する――が当たり前とされた時代に、政治主導の人事が突然表面化したことで混乱に拍車がかかったわけだ。

『官僚たちの夏』から遠く離れて

篠沢辞任からしばらく経った九七年春、内藤に会う機会があった。当時、伊藤忠商事に籍を置いてエネルギー問題を担当していたので、最新情勢を聞くのが目的だったが、話はおのずと篠沢の辞任に向かい、内藤はこんなエピソードを持ち出した。

「篠沢さんが辞めた時に手紙を出したら、折り返し長文の返事が返ってきた。中味についてはお話しできないが、私なりに二つのことを強く感じた。武村蔵相が篠沢さんを辞めさせようとしたことに対し、それを説明できない歯がゆさを篠沢さんが感じていること。もう一つは、村山首相退陣の情報を持っていなかったことを前提にすれば、政と官の関係の中で篠沢辞任はある意味でやむをえないことだったのではないかと思いますね」

この話を聞いているうち、以前、内藤も似たような政治介入事件に巻き込まれた事実が筆者の胸に鮮明に浮かび上がった。ここで当時の裏話を聞き出せないかと生涯一記者の好奇心がむくむくと持ち上がり、「そういえば、内藤さんも例の騒動で大変でしたね」と話を振ってみた。

すると、「いやいや、私の話はもう昔話で……」と言ったきり、内藤は内輪話に決して触れようとしなかった。その代わりというわけではないが、彼の考えるいわゆる官僚像を俎上に載せ、こんな見方を披露した。

「戦前から今日までの官僚像を大づかみで概観すると、二つの分水嶺があることがわかります。入省年次で彼らの群像をくくってみると、真珠湾攻撃のあった四一（昭和十六）年入省までが『国益』、それから五三（同二十八）年までの旧制高校卒業生が『省益』、そしてその後の入省者には『私益』を求める傾向が強いということ。近年の官僚像は旧制高校から新制に切り替わった五三年を起点に、明らかに変化してきたと見ています」

この指摘を敷衍《ふえん》して詳細な解説を加えることを内藤は避けたが、自身が巻き込まれた解任騒動は、「私の利益を追求する」私益志向の官僚仲間（中心にいた熊谷通産相も通産官僚出身）によって引き起こされたと暗に語ろうとしていたのかもしれない。私益や省益を求める官僚像には一切口をつぐみながら、国益官僚の代表として通産省の先輩である佐橋滋元事務次官（三七年）の名前を挙げた。

よく引き合いに出される城山三郎の小説『官僚たちの夏』は、高度経済成長を推進した通産官僚たちの政策や人事をめぐる熱い闘いを描いたものだ。主人公の風越信吾は固い信念で通産行政を推し進め、次官への最短コースを疾走するが、風越は異色の官僚・佐橋がモデルになったと言われる。

「佐橋さんと同時代の人たちは、何かにつけて『国家、国家』と口にする人が多かった。今、そういうことを言う人は、本当に少なくなったなぁ」と、内藤は独り言のように呟いた。

日本は太平洋戦争を契機に、戦前と戦後で価値観の大きな変化が生じた。そんな時代の大きなうねりを加味して官僚像を捉える必要があるので、内藤の論じる「国益－省益－私益」の単純な区分けを受け入れるまでには至らなかったが、小説とはいえ城山三郎の描いた風越信吾こと佐橋滋と、戦後ほぼ半世紀を経た官僚像と、両者の間に大きなギャップがあることは否定のしようがなかった。

大蔵省の篠沢と通産省の内藤と、入省年次では一年違いの二人だったが、お互いに肝胆相照らす仲だったのだろうか。志半ばで政治によって次官を引きずり降ろされた篠沢と、次官を目前にしながら昇格の道を絶たれた内藤――九〇年代半ばに起きた事務次官をめぐる二人の事件は、政官関係の流動化を物語る辞任劇として今も多くの教訓を残す。

ところで、篠沢が最後まで口をつぐんだ辞任の真相について、その後、役所の同僚に何かを打ち明けた事実があるか、気になっていた。「知らぬは筆者ばかりなり」では、物書きの端くれとして不明を恥じることになるので、篠沢の後輩に当たる次官経験者に確かめて歩いた。

「篠沢さんはあの時以降、辞任の真相には一切口を開いていない。辞めざるをえなかった経緯が経緯だけに、誰にも相談できず、説明することもできなかったのだと思う。まあ、今になって言えることだけど、(住専の) 責任を取らされたのは事実だろうが、意味のない辞め方だったし、無駄死にと言われても仕方のない出来事だったな」

有無を言わせぬ橋本首相の一言

ここまで斎藤次郎、篠沢恭助の二人の事務次官が、相次いで辞任に追い込まれた経緯を見てきた。が、大蔵次官の引責辞任はこれで終わらなかった。一九九〇年代半ば以降、不良債権処理や過剰接待・汚職事件の荒波に翻弄され、霞が関最強の官庁は明治維新を契機とした内閣制度発足以来の危機的状況に直面したためだ。

篠沢のあとを継いだ主税出身の小川是次官 (六二年) は、約一年半の任期を務めて小村武主計局長 (六三年) にバトンタッチしたものの、ここで再び以前にも増した巨大な落とし穴が待ち構えていた。それはもはやマグニチュード7、8にも匹敵する激震となって大蔵省を襲い、次官の小村は「更迭」あるいは「解任」と言っていい辞任の道を余儀なくされた。大蔵省から見れば、斎藤から小村まで四人の次官のうち、小川を除く三人が途中交代に追い込まれる異常事態となったのである。

大蔵省金融検査部をめぐる汚職事件の監督責任を取り、九八年一月二十七日夜、三塚博蔵相が辞任を決断したのがすべての始まりだった。三塚は深夜の記者会見で、「極めて深刻な事態で遺憾千万、担当大臣として責任を痛感している」と述べる一方、事務方トップの小村次官の処遇については、「辞任の申し入れがあれば慰留はしない」と、突き放した言葉を残して大蔵省を去った。

当面、三塚の後任は決めず橋本龍太郎首相が蔵相を兼務したが、すでに蔵相を経験して表も裏も知る橋本と小村との間で、火花を散らす辞任劇が演じられた。もともと芝居がかったやり取りを好むタイプの橋本だっただけに、三塚蔵相、さらには小村次官と大蔵省首脳の相次ぐ辞任を、噴き上がる大蔵批判への盾にしたい思惑があったのか。三塚が辞任会見で事務方トップの辞任を慰留しないと発言したことも、首相と蔵相の申し合わせによるものではないかとの憶測も生まれた。

結果として、三塚の辞任から一日遅れで小村も辞めざるをえなくなるが、当の小村は三塚辞任会見直後、「新しい大蔵省をつくることに最大限努力するのが私の責務だ」と述べ、辞任の考えがないことを強調していた。本人が次官在任のまま難局を乗り切れると思ったかどうかは定かではないが、翌二十八日午前の橋本－小村会談で話は一気に辞任へと傾いた。

小村次官「このまま現職にとどまって、大蔵省改革に取り組みたい。それが、自分の責任を果たすことになると思う」

橋本首相「いいから、俺が蔵相を兼務している間に辞表を出せ！」

辞める決断をしない小村に対し、堪忍袋の緒が切れたのだろう、橋本は激しい口調で辞任を迫った。厚生労働担当主計官の経験者である小村と、政治家の駆け出し時代から厚生族としてならした橋本はとりわけ親しい間柄にあると見られ、小村には橋本に対する甘えのような感情があったのだろう。

だが、橋本の有無を言わせぬこの一言が、次官の辞任劇に幕を引いた。この日の夜、銀行局総務課の金融取引管理官が、東京地検特捜部の事情聴取を前に自宅で首を吊って自殺していたことが発覚。小村は橋本を公邸に訪ねて話し合い、「事務方トップとして全責任を一身に負い、辞意を表明したい」と述べ、最終的に辞任を決断した。

異例の退官挨拶

蔵相辞任から丸一日の空白をもって、次官も辞任に追い込まれる恰好になったが、当時の大蔵省幹部の受け止め方は、以下のような点で一致していた。

「小村さんの辞め方が、すべてボタンの掛け違いになってしまった。三塚大臣が辞める前に、自分が辞めますと言うべきだったし、武藤敏郎官房長を巻き込んでしまった罪は非常に重い。小村さんという人は、本当に政治的な判断ができない人物だね」

住専をはじめとした不良債権処理問題、田谷・中島の二人が先鞭をつけた過剰接待による大蔵省不祥事がピークに向かいつつあるこの時点で、次官としての小村の対応に批判の声が集中した。組織をどう守るか、事務方トップの決断がいかに死命を制するかが最も厳しく問われた局面であった。

ここで名前の出た武藤官房長（六六年、のち次官）は、小村が橋本首相に辞意を表明する会談の場に同席していた。小村に続いて、武藤も「自分にも責任がある」と辞意を明らかにしたが、橋本は「君はクリーンなんだから、大蔵省を立て直すとすれば君しかいない。事件の実態を徹底的に調査し、そのあとで、自分で自分を降格しろ」と言って辞任を押し止めた。橋本に慰留され官房長から前のポストである総務審議官に降格された武藤だが、「官房長を巻き込んだ」と話す幹部の口ぶりに、一連の不祥事の責任は事務方の最高責任者である事務次官一人に帰すべきだ、という考えが基本にあったように感じられた。

見方によっては政治の圧力に屈し、わずか半年の任期で次官の座を去らなければならなくなった小村だったが、異例にも退官の挨拶文を幹部全員に郵送した。一般的に次官退官の挨拶は講堂に幹部を集めて口答で済ませるものだが、小村には小村なりの真情を伝えたい思いがあったのだろう。文面の一部には、こんな胸の内が綴られていた。

「ここ四〜五年、日本の政治、経済、社会が大きく変革していく中にあって、大蔵省は、大きな波の真っ只中にいたように思われます。昨年七月に次官に就任しました後だけ振り返ってみても、昭和の金融恐慌の再来かと思われる厳しい日々が続きました。私も十月頃から年末までほとんどの土曜、日曜日の休日を返上して出勤いたしました。一日が長く、かつ緊張の連続でありました。この半年間は、私にとっては、三年位に感じられました。

（中略）

この度の金融不祥事に対しましては、国民の皆さんに深くお詫びいたします。全ての責任は私にあります。これから、私は十字架を背負っていきます。また、毎日夜遅くまで働いている職員の皆さんやそのご家族の怒りと悲しみは、いかばかりとお察しします。年頃の多感なご子息達が学校で友達とどのように接しているのかと思ったときまことに心が痛みます」

国家の財政・金融を所管する立場上、大蔵官僚はホンネを明かすことなく、言質を取られない会話を身上とする人物が多かった。それゆえに感情のこもらない、無味乾燥な会話のやり取りに終始するのが常だったが、小村の挨拶文には素直な感情がにじみ出て、崖っぷちに立たされた大蔵省の立場をはしなくも物語っていた。中には、「今更、次官から泣き言交じりの手紙を受け取っても……」と冷ややかに語る幹部もいて、むしろ事務次官の権威を貶《おとし》めたと感じる向きが多かったように思われた。

加藤紘一幹事長が明かす波瀾人事の裏側

ここまでの波瀾人事を整理してみると、斎藤前倒し辞任から小村の劇的解任まで、二年八ヶ月の間に四人の次官が替わった。一年半の任期をまっとうした小川を除くと、斎藤、篠沢、小村の三人は政治の圧力によって詰め腹を切らされたといえる。三人は揃って主計局長から次官に昇格した主計畑の出身、小川は主税局長、国税庁長官を経て次官になった主税畑出身と、それまでの経歴に好対照な違いがあった。

主計局は、「主計にあらずんば人にあらず」と言われたほど省内で権勢を誇り、官房長―主計局長のコースが次官への最後の登竜門と見られた。だが、前代未聞の金融不祥事が日本経済を奈落の底に突き落とすなか、財政のために金融を犠牲にする主計至上主義のあり方が批判の的になり、次官人事にも主計排除の動きが鮮明になったのがこの時期である。

そして、こうした流れに拍車がかかったのは、小村の後継を決める次官の選考にあった。この過程を自民党幹事長として関わった加藤紘一が、「自分の知る範囲で……」と断りながらも、縷々《るる》解説してくれた内容が手元のメモに残っている。彼の話を素直に受け取れば、大蔵人事をめぐる政官の力関係がコペルニクス的転回を見せた象徴的な事例であり、「政治の行政に対する優位」を対外的に見せつけた画期的な出来事と言えるものであった。

話の論理の明確さに定評のあった加藤は、橋本首相が決断した小村解任の事実に触れることなく、こんな喩《たと》え話で話を切り出した。

「政治の行政に対する、本来あるべき睨《にら》みが効かなくなっていたんです。われわれ政治家は失敗すれば選挙で落ちる、企業経営者は業績が悪ければ社長をクビになるし、中小企業は倒産する。それに比べて、中央の行政はお役所自身が潰れることもなければ、幹部の出世が止まるかどうかもはっきりしない。特定の幹部が有能だ、無能だと言って、人事に手を突っ込めば、それは官僚の人事に対する政治の介入だと批判を浴びます」

このインタビューは、大蔵省の金融不祥事がピークに達しつつあった九八年三月に行われ、官僚人事に政治がどこまで介入できるかが議論になっていた時期だ。審議官以上六〇〇人の人事の采配をとる内閣人事局が発足（二〇一四年）する一六年前の話であり、絶大な権限を握る自民党幹事長でさえ、人事への政治介入に神経を尖らせていたのである。

そんな話の枕を振って、加藤は小村の後任の次官人事に話題を切り替えた。官邸で橋本首相と打ち合わせをした際、別れ際に橋本が「後任人事は週内に自分が決めようと思っている」と話すのを聞き、果たして自分が彼の立場だったらどうするだろうと一晩熟考した結果、ある結論に行き着いた事実を明かした。

〈今までの大蔵人事の慣例から言えば、主計局長からの昇格が一般的で、今の涌井洋治主計局長（六四年）の登用が順当だろう。でも、涌井は石油卸商から絵画を受け取ったことが問題視され、政治状況から考えて次官昇格はありえない。とするると、どういう選択肢があるのか。省内をまとめていかなければならない差し迫った現状を考えると、涌井と同期の田波耕治内閣内政審議室長（同）の起用しか考えられない〉

自らの思考過程を披露した上で、「僕が田波だと思ったことは橋本さんには伝えなかったが、橋本さんが下した結論も田波で一致した」と、我が意を得たりといった表情で語った。自民党総裁と幹事長の結論が期せずして一致した次官人事だったが、ここでの田波という選択は過去の大蔵人事と意味合いがまったく異なることを、加藤は噛んで含めるように説明した。

「つまり総理大臣が、中央官庁の人事の序列に手をつけたということです。前に、斎藤次郎氏や、篠沢恭助氏のケースもありましたが、それらは単に辞める時期が早まったということに過ぎません。それに比べて、（今度の田波次官は）官房長―主計局長―次官という予定されていた人事の構造を、横から完全に変えてしまった点に明らかな違いがあるんです。かつて河野一郎さんが農林省の役人の人事を動かしたというのとは、比較にならないほど大きな事件なんですよ」

揺らぐ官の出世コース

この指摘には、多少の説明がいる。これまで何度か触れたように、大蔵省の最終の出世コースは官房長－主計局長－次官でほぼ固定されていた。斎藤も、篠沢も、小村も順当にこの階段を駆け上がって次官の椅子を射止めた。

それと比べて異例のコースを歩んだのが田波であり、次官直前のポストは理財局長－内政審議室長と前例がなかった。加藤の言う「予定されていた人事の構造を横から完全に変えた」事例で、金融不祥事に揺れる大蔵省に対し、「政治の行政に対する優位を現実に示した」衝撃的な人事でもあった。加藤は、さらに続けた。

「それだけ政治がリスクを取り始めて、責任を取らされるようになってきたということなんですね。これは非常にダイナミックな変化であり、刺激的な話なんですけども、逆に言えばわれわれ政治家も大変になってくる。権力は行使するが、識見と実力がなかったら途端に役所からも、国民からもしっぺ返しを喰うわけですから……」

最後、小村次官は国会内で橋本首相に辞表を提出、正式に受理された。首相はこの席に田波耕治内政審議室長を呼び、後任次官の辞令を手渡した。新旧次官の交代が総理大臣の面前で、同時に行われるのは極めて稀有なケースであり、それだけ異例ずくめの次官人事だったことは確かであろう。

これは少し先の話になるが、田波の後任は涌井主計局長の昇格がほぼ確実と見られていたが、大方の予想は外れて薄井信明国税庁長官（六五年）に白羽の矢が立った。薄井は主税畑一筋のコースを歩み、先の小川是と同様に主税局長―国税庁長官のコースを辿って次官を拝命した。ここでも主計出身の涌井が次官に昇格できず、主税出身に道を譲る結果になったが、主計局長から大蔵次官になれなかったのは、福田赳夫元首相（二九年）、橋口収元国土庁次官（四三年）以来、三人目のケースとなった。

3　他省庁の視点

辞任した元防衛次官に聞く

大蔵・財務省で間欠泉のように湧き起こる不祥事と、それによる事務次官の辞任劇をつぶさに見てきた。結果、四人の次官が辞任に追い込まれたわけで、約三〇年間で一八人を数えた次官辞任（図表1を参照）のうち、官庁の中の官庁と呼ばれた最強官庁がほぼ四分の一を占めるのは、高い木ほど風当たりが強いという喩え通りだったのだろう。

ただし、辞任劇は財務省だけにとどまる話ではない。一・七年に一人の割合で次官が辞めている事実からも明らかなように、事務方トップの辞任は予想を超えて繰り返されてきたのが実態だった。事務次官と、民間企業の社長を単純に比較するのは難しいが、「一・七年に一人」という数字を見る限り、官僚トップの辞める確率は、やはり異常というほかはない。

図表1からも明らかなように、汚職事件など次官本人の責任が問われたケースもあるが、一般的には、政と官の関係、組織としての対応のまずさ、部下の不祥事……などの責任を取

る事例が多く、そこは事務方の最終責任がトップの次官に収斂《しゅうれん》するためであろう。他省庁の次官辞任は一四人に及ぶが、その中の一人に、黒江哲郎元防衛事務次官がいる。南スーダンPKO（平和維持活動）日報問題の責任を取り、約三七年間に及ぶ役人人生に幕を下ろしたが、あの時、どのような心境でいたか、率直な思いを聞く機会を得た。

黒江は東大法学部を卒業して、八一年に防衛庁（現防衛省）に入庁。防衛政策局次長、運用企画局長、大臣官房長、防衛政策局長など要職を歴任し、二〇一五年に防衛事務次官に就任した。同期入庁九人の出世レースを勝ち抜いてトップの座に就いたが、最後の最後に大きな落とし穴が待ち受けていた。

まずは南スーダンPKO日報問題について、簡単に説明しておこう。

南スーダンが二〇一一年にスーダンから独立したのを機に、国連PKO部隊が設立され、日本の自衛隊もこれに参加した。だが、その後も民族間の争いにより政情不安が続き、一六年には大統領派と副大統領派の間で大規模な武力衝突が起き、自衛隊が宿営していた首都ジュバも緊迫した状態に陥った。

問題となった日報は、派遣された部隊が日々の状況を記録として作成した報告資料である。日報には武力衝突時の記述も残されていたため、のちに開示請求がなされたが、これをめぐって不適切な対応があったというものだ。つまり、日報は用済み後に破棄の措置が取られたので、もはや存在せずに不開示とされたが、マスコミが「存在しないと報告された日報が、実は存在していた」と報道したのをきっかけに、政府への追及が日々激しさを増し、黒江次官と稲田朋美防衛大臣の辞任にまで発展した。

組織の長としての反省

黒江は二〇二二年一月、自らの官僚人生を赤裸々に振り返る『防衛事務次官　冷や汗日記』（朝日新書）を上梓した。副題で「失敗だらけの役人人生」と卑下するように、イラク復興支援やオスプレイ沖縄配備、南スーダンPKO日報問題……など、政策決定のリアルな舞台裏が綴られている。

八一年に防衛庁（当時）入庁後、新人時代から中堅幹部、大臣官房長、防衛政策局長などを経て、事務次官に昇り詰めるまでの闘いの歴史をここまで赤裸々に書いた官僚本は珍しい。PKO日報問題で次官辞任に追い込まれたのは、官僚人生の終章を襲う大きな陥穽《かんせい》となったが、同書の中で、この問題について「あえて一言で総括すれば『謙虚さを欠いていた』ことが失敗の最大の原因だったように思う」と書いている。「謙虚さを欠いた」とする記述の裏に、さまざまな心の葛藤が潜んでいると想像され、その点を本人から直に聞き出したいと思った。

「当時、どのような心境で辞任の最終決断をされましたか？」

そんなストレートな質問に、黒江はほとんどためらう素ぶりも見せず、思いの丈を素直に話した。

「私自身、そうせざるをえなかったということを、非常に申し訳なく思っています。次官は組織の長である大臣のスタッフであり、その次官が大臣に大変な迷惑をかけてしまった。一連の流れの中で組織の風通しが悪くなり、そうした風通しの悪い組織をつくった責任は私にあるので、残念だな、失敗したなと今も考えています」

初めから自己反省の弁が続いたが、ある意味で、真摯な人柄を映し出すものと受け止めた。インタビュー時点で辞任から五年近い歳月が過ぎ、その間心の中で何度も反芻《はんすう》してきた反省の断片を、一つに凝縮したのがこの答えなのだろう。「風通しの悪い組織」に込められた黒江の万感の思いを、もう少し嚙み砕いて説明してもらえるようその先を促すと、「折に触れて考える、あるきっかけがあった」と一言断って次のように語った。

「民主党政権下で行われた事業仕分けが発端です。あの席では、役所のさまざまな政策の問題点なり、無駄なりに対する厳しい追及が繰り返され、役所側は防御しなければならないのでつい言い訳ばかりになる。そんなやり取りを聴いていて、そもそも役人として責められるようなことをやってきたのか、という素朴な疑問を持ちました。いや、そうではない。ここは言い訳ではなく事業の必要性を正面から説明するべきだ。誤解を生むかもしれないが、開き直って説明するべきであるという私なりの結論で対応しました」

それは、三〇年を超える役人生活の中で徐々に醸成された、黒江の生き様といえるものであった。「説明がつく限り、正々堂々と主張していくべき」との信念に基づき、自らの正当性を強く訴える姿勢を貫いた。が、その思い入れの強さが、結果として負の効果を生んでしまったのが、ＰＫＯ日報問題だったのだ。

「部下が本当に何に困っているのかを丁寧に聴いていたのか。その点に気づかぬまま、自分自身の正当性を主張することにこだわりすぎて、傲慢になっていた。余計なプライドから自らの正当性を主張し続けることに肩に力が入りすぎ、謙虚さを欠いてしまったというのが最大の反省点です」

筆者の拙い取材経験で言わせてもらうと、ここまで素直に自らの非を認め、対外的に語る霞が関のキャリア官僚は珍しい。それも、官僚最高位の事務次官まで務めた人物が、言質を取られない表現で言い訳を繰り返すのとまったく正反対の態度を示したことに、言葉は過ぎるが好感に近いものを感じた。もちろん、日報の意図的な隠蔽《いんぺい》ではないか、とする批判の声は今後も消えることはないが……。

岡本全勝元復興庁次官の視点

話を大蔵省に戻すが、一連の辞任劇を他省庁はどのように見ていたのか。また、辞任が他省庁に与えた影響があるとすればそれは何だったか。財務、大蔵省以外の次官経験者に、率直な意見をぜひ聞いてみたいと思った。

そこで登場してもらうのは、岡本全勝《まさかつ》元復興庁事務次官である。

岡本は東大法学部卒業後、七八年に旧自治（現総務）省に入省。首相秘書官、自治大学校長などを経て、二〇一一年の東日本大震災発生直後から復興に携わり、復興庁統括官の後、一五年から一年三ヶ月の間、復興庁次官を務めた。次官退官後も一六年から二〇年にかけ、福島復興再生総局事務局長として、被災地の復興再生に取り組んだ。

自治省と言えば、戦後、連合国軍総司令部（ＧＨＱ）により解体された旧内務省の系譜を引く。戦前は地方自治行政を母体に厚生、建設、警察などを所管し、強大な権限を握っていた。戦後も長い間、大蔵、自治、通産は学生がめざす人気官庁の上位に数えられ、各省による人材の奪い合いが続いたのも事実だ。そんな旧自治省出身の岡本が、大蔵省不祥事をどう見ていたか、半ばライバル関係にあった大蔵に対する見解を聞き出そうと試みた。

岡本は「私が（自治省に）入った頃、自治省、大蔵省、通産省がいわば御三家と考えていたが、世間では大蔵省は一段格上の存在と見ていた」と認めた上で、「しかし、バブルが崩壊した後、彼らの一部の行動は常軌を逸していたし、自分たちの置かれた場所を見失っていたように思う」と語った。さらに、日本に官僚制度が根づいて以降、一九九〇年代半ばから後半にかけてのこの時期が、一つの大きな転換点になった歴史的経緯を二つの視点に分けて説明した。

①明治時代以来、日本は欧米に追いつけ追い越せで政策を進めてきた。欧米から先端分野を輸入する主体は、霞が関（官僚）、大学、大企業の三者だったが、ある時期から輸入するものがなくなった。要は、わかりやすいお手本がなくなり、目標を見失ったのである。

②政治と官僚の役割が大きく変わった。それまでの約一〇〇年間、「官僚一流、政治二流」などと揶揄されながらも、官僚主導の政策決定システムが事実上機能していた。そ

れが、目標を見失うのと平仄《ひょうそく》を合わせるように、官僚主導の政策決定が行き詰まりを見せ、次第に政治主導・官邸主導へと軸足を移していくことになる。

そうした帰らざる河の流れの中に大蔵省不祥事をとらえ、岡本は「あの時期が一つの分水嶺となり、ここ二〇年、過去と断絶した時代が続いている」と総括した。確かにこの不祥事の間、斎藤次郎、篠沢恭助、小村武と、名の通った三人の事務次官が次々と辞任に追い込まれたのは、官僚制度に訪れた分水嶺の一つの象徴と言っていいだろう。

これに加えて、大蔵省が「一段格上」の役所、大蔵次官が「次官のトップ」と見られたのは、「情報面の強さ」によるものだったと岡本は指摘する。

「各省庁がいろいろな問題を抱えた時、多くは予算に関連するので、各省幹部が大蔵省主計局ひいては次官に相談するというケースが多かった。予算編成過程を通じて多くの情報が大蔵次官に入る仕組みになっていたので、それが彼らをして一段格上の立場に置く原動力になった」

岡本の趣旨は、大蔵省への情報の集中が崩れたことも、他省庁との関係で優位性を失うことになったということだ。予算が増えなくなったこと、予算で片付く問題が少なくなったことがその背景にある。

「自分は偉い」という思い上がり

大蔵省不祥事の責任を取って三人目の次官が辞任してから二〇年後の二〇一八年、役所の名称が変わった財務省で、次官が女性記者へのセクハラ疑惑で辞任に追い込まれるスキャンダルが発覚した。その経緯や省内の反響などは前述したので繰り返さないが、他省庁の次官経験者がこのハレンチな事件をどう見ていたか、一代表として岡本の受け止め方を聞きたいと思った。

この質問に対し、やはりキャリア官僚仲間、しかも最高位の事務次官の立場にあった人への遠慮が先立つのか、やや遠回りながら答えた。

「やはり次官になるには、能力、人望、仕事ぶりなど、この人物なら大丈夫というお墨付きがなければ難しい。福田元次官も能力がなければあそこまで行っていないし、抜きんでた仕事もしなければ認められないと思う」

その上で、あのハレンチ事件を知って「えっ、と思った」と前置きし、役人としての配慮に欠けていた点を指摘した。

「女性と二人、個室で一対一になるのは絶対に駄目。役人としての資質以前の問題で、ものすごく恥ずかしかった」

しかも、岡本は前出の図表1を確認しながら「一人ひとりの辞任の理由を見ているとすべて覚えているし、こうして表になると、いかに多くの次官が引責して辞めているかとびっくりする」と述べるとともに、「本人が起こした不祥事とともに、部下や組織の失敗の責任を取った場合やいろんな事情もあると思うが、二年に一人のペースで次官が責任を取って辞めているのは、やはり異常だと思うし、どこかに自分たちは偉いと感じる思い上がりがあったのではないかと思わざるをえない」と、素直な感想を語った。

岡本の指摘した「自分を偉いと感じる思い上がり」は、官僚制度創設の頃から引き継がれてきた歪んだ身分制度――その最たるものが戦前の高等文官や戦後のキャリア官僚という仕組みにあるのは明らかだが、その頂点に立つ事務次官の辞任によって役所の立て直しは進んだのだろうか。もっと言えば、ほぼ二年に一度の次官辞任劇を通じて、古色蒼然とした霞が関の改革が進んだ事実はあるのか。

読者もよくご承知のとおり、トップが引責辞任するたびに謝罪の言葉が繰り返されるものの、霞が関の不祥事は、最近の国土交通省の基幹統計不正問題をはじめ、いまだ後を絶たない。その度に事務次官の椅子のあまりに軽きを痛感せざるをえないのが現実である。

2章

「名誉職」に過ぎないのか？

古今の事例に見る次官の役割

1　現職次官、異例の論文発表

「財務次官、モノ申す」

謎の多い事務方トップの役割について、この章では古今の事例に基づきながら迫ってみたい。まず、最初にご登場いただくのは、財務省の矢野康治前事務次官（八五年）である。矢野が現職だった当時、月刊誌『文藝春秋』（二〇二一年十一月号）に寄稿した論文が各方面に波紋を広げたことは記憶に新しい。現職次官が雑誌に自らの意見を発表するのは異例中の異例であり、そのタイトルの過激さからして反響をより大きなものにした。

「財務次官、モノ申す――このままでは国家財政は破綻する」

財務次官にいきなり「財政破綻」と言われると返す言葉がないが、一〇ページにわたる論文は国家財政への危機意識で貫かれている。どんな内容が書かれていたのか、初めに論文の柱を紹介するが、冒頭から息遣いも荒く話が始まる。

「最近のバラマキ合戦のような政策論を聞いていて、やむにやまれぬ大和魂か、もうじっと黙っているわけにはいかない。ここで言うべきことを言わねば卑怯でさえあると思います」

雑誌が発売されたあと、「バラマキ合戦」という言葉が一人歩きし、とくに政界から激しい批判の声が上がった。ちょうど衆議院選挙の公示を間近かに控え、与野党双方からコロナ対策を名目にした巨額の財政出動を求める声が日増しに高まっていた時期だけに、話題が話題を呼ぶ効果を生んだ。

同じく、この文章にある「大和魂」にも触れておく必要がある。矢野は一橋大学出身の初の財務事務次官として知られるが、高校（下関西）までを山口県で過ごした。山口県出身者には幕末の思想家、吉田松陰を敬愛する人が多く、「大和魂」のフレーズも彼の詠んだ辞世の句「身はたとひ武蔵の野辺に朽ちぬともとどめ置かまし大和魂」から採ったもので、世直しに懸ける松陰の激しい情念を素直に表している。

さて、そのバラマキ合戦の結果、いかに財政が深刻な状態にあるかを数字を駆使して訴える。

数十兆円もの大規模な経済対策が打ち出されるとともに、一方で財政収支黒字化の凍結が訴えられ、さらには消費税率の引き下げまでが提案されている。この時点で、すでに国の長期債務は九七三兆円、地方の債務を合わせると一一六六兆円にものぼる。わが国の財政赤字

（一般政府債務残高／GDP＝国内総生産）は二五六・二％と、第二次大戦直後を超えて過去最悪であり、他のどの先進国よりも劣悪な状態になっている（ちなみにドイツは六八・九％、イギリスは一〇三・七％、アメリカは一二七・一％）。

GDPの二倍を優に超える膨大な借金を抱えているのに、さらに財政赤字を膨らませる話ばかりが飛び交う現実を、かつてのタイタニック号事件になぞらえてこう注意を喚起した。

「あえて今の日本の状況を喩えれば、タイタニック号が氷山に向かって突進しているようなものです。氷山（債務）はすでに巨大なのに、この山をさらに大きくしながら航海を続けているのです。タイタニック号は衝突直前まで氷山の存在に気づきませんでしたが、日本は債務の山の存在にはずいぶん前から気づいています。ただ、霧に包まれているせいで、いつ目の前に現われるかわからない。そのため衝突を回避しようとする緊張感が緩んでいるのです」

官僚として、さらに言えば官界最高峰の財務事務次官として、国家財政への危機意識がストレートに伝わってくる。誰かが意を決して言わなければ、ただただ政治に流されてしまう現状に、どこかで歯止めをかけたい必死の思いが行間から滲み出てくる文章でもある。

恐らく清水の舞台から飛び降りる覚悟で発表した論考だと推察するが、この寄稿文には二つの問題が内在している。一つは、政と官の関係において官僚の対外的な主張がどこまで許容されるか。もう一つは、事務次官という立場が発するメッセージへの国民の受け止め方だろう。

「犬」にかみついた政治家

前者の政治と官僚の関係については、矢野自身が触れている部分がある。〝カミソリ後藤田〟の異名を取り、名官房長官と称された後藤田正晴が、内閣官房の職員に訓示した、いわゆる「後藤田五訓」を引き合いに次のような見解を明らかにした。

まず、五訓にある「勇気をもって意見具申せよ」を引きながら、大臣や国会議員に対して臆せずただ単に報告や連絡を迅速に上げるだけでなく、それに的確に対処する方途についても臆せずに意見すべきであると主張する。ただし、国民の投票によって選ばれる政治家に対し、落選や職を失うリスクのない官僚は、あくまで選択肢の提供者としての立場を守るべきであり、これも五訓にある「決定が下ったらそれに従い、命令は実行せよ」は役人の常道だと受け止める。

そして、先のタイタニック号の喩えを再度持ち出し、「衝突するまでの距離はわからないけれど、日本が氷山に向かって突進していることは確かなのです」と強調する。この破滅的な事態を避けるには、最も賢明なやり方で対処していかなければならず、それを怠れば「将来必ず、財政が破綻するか、大きな負担が国民にのしかかってきます」と指摘し、次のように結ぶ。

「今日は、『心あるモノ言う犬』の一人として、日本の財政に関する大きな懸念について私の率直な意見を述べさせていただきました。今後も謙虚にひたむきに、知性と理性を研ぎ澄ませて、財政再建に取り組んでいきたいと思っています」

国家公務員である自身を、「心あるモノ言う犬」と卑下しているのは、政と官の関係を意識してのことだろう。腹の内の本音はともかく、政治に対する官僚の立場をわきまえているという姿勢を明確にする効果を狙ったものだ。

そこまで自らを貶めた矢野に対して、政治からの批判は予想以上に厳しいものがあった。

自民党の政策責任者である高市早苗政調会長は、「全国会議員をばかにした話で、大変失礼な言い方だ」と真正面から批判。「基礎的な財政収支にこだわって本当に困っている方を助けない。未来を担う子供たちに投資しない。これほどばかげた話はない」と語気を強めた。ちょうど衆院選の公約が練られる時期と重なり、自民党幹部会でも財務省への批判が相次いだ。結局、内閣のお目付役である松野博一官房長官が「私的な意見を述べたものと承知している」と差し障りのない表現でその場を収めたが、矢野次官の論文はのちのちまで陰に陽に、政官の関係に影響を与え続けたように見えた。

論文発表は最悪のタイミング

矢野論文が発表されてほどなくして、財務省の次官経験者三人にどう読んだか、率直な感想を尋ねた。先に結論から言うと、三人が揃って批判的な見方を明らかにした。いや「批判的」と断定してしまうと言葉が過ぎるやも知れず、正確に表現するなら、「効果は期待薄」に近いニュアンスかもしれない。

三人がどのような発言をしたのか、名前を引用しない条件で聞いた話なので、以下では、彼らの見解を三つの視点に分けて強調した部分を紹介してみる。

まず、論文を寄稿した時期について。官僚から見ると「最悪のタイミングだった」と映ったようだ。雑誌の発売が二〇二一年十月八日、その前の十月四日に岸田文雄内閣が発足し、発売から間もない十月十九日に総選挙が公示された。出版社からすれば、政治イベントが続く絶妙なタイミングだったのだろうが、官にはむしろ逆風になりかねないとの声が強く出た。

「あの論文の最大の問題は、新内閣発足直後、総選挙直前という微妙な時期に出たことだね。選挙を目前に控えて、財政再建に打って出るとか、消費税増税に打って出るとか、荒唐無稽な理想論は打ち出さないほうがいい。あの論文の趣旨はいつも省内で議論している話をまとめたもので、あの時点で彼が大和魂を鼓舞して叫んだとしても、財政再建が進むということにはならないし、犬の遠吠えで終わってしまうのがオチだと思う」

矢野次官の必死の絶叫に、かなり冷ややかな反応ではないかと感じたが、そう考える根拠のような話が彼らの会話に続いた。三人がいみじくも官僚が政治に対する「補助者」の立場であることを前提とした上で、表現の仕方は違っても、次のような見方でほぼ意見が一致した。

「現実に政治が動く中で、役人はあくまで補助者であって決定権を握っているわけではない。ただ、政治が常に正しい選択をするかといえば決してそうではなく、役人が立場をわきまえながらも諦めずに働きかけを続けてきたのが実態だ。そのたびに何度も何度も手を替え品を替え説得してきた歴史でもあるが、あの論文はそうした我々の調整の能力を使いにくくするのは明らか。もう一歩踏み込んで言うなら、政治との丁々発止のやり取りの中にあって、ギリギリの段階での役人の調整力というか、政治に対する調整能力を放棄することにもなりかねない。ハイハイと御用聞きになってはいけないが、正論だけを吐いていても真の調整にはつながらないと思う」

奥の深い「調整能力」

ここで使われた「調整能力」という言葉には、政と官の関係に根差した深い意味合いが込められている。両者は政策の立案・決定に向けて同じ土俵に立ちながらも、官僚があくまで補助者であることを前提に考えると、いざ決定という場面で政治に従わざるをえない現実に追い込まれる。

実際、衆院選後に編成された補正予算案は、過去最大の総額三五兆九八九五億円に膨らんだ。財源には新たに二二兆五八〇億円の新規国債発行、二〇二一年度末の国債残高はついに一〇〇〇兆円の大台を突破した。コロナ禍への対応でそれまでにも予算の積み増しが常態化していたが、十八歳以下の子供への一〇万円相当の給付をはじめ、バラマキ合戦が行き着くところまで行き着いた補正予算と言っても過言ではなかった。

だとすれば、矢野論文は補正予算にどのような影響を与えたのだろう。

論文発表から二ヶ月も経たない間の予算編成に、いかなる影響を及ぼしたかを推測するのは無謀のそしりを免れないが、次官経験者が指摘する「調整能力を使いにくくした」ことは確かなようだ。結果として、経済対策の規模を抑えたいと考える財務次官の訴えは、高市政調会長を中心とする与党政策責任者の反発を招き、かえって予算規模を膨張させる反作用を生んだと見る向きが多かった。補正予算案を審議する臨時国会の所信表明演説で、岸田首相がバラマキ批判への反論とも受け取れる答弁にかなりの時間を費やしたのも、後ろめたさの表れと言ったら言いすぎだろうか。

役人の矩を踰えることの是非

そして三つ目、矢野の主張の背景に「内閣人事局」の存在が見え隠れするという見方である。官僚の人事制度を抜本的に変えようと二〇一四年に発足した内閣人事局だが、5章で詳述するように、当初の狙いとはかけ離れて幹部人事が恣意的《しいてき》に決められる、という不満の声が霞が関に充満している。そんな鬱屈した声なき声に後押しされたのか、霞が関全体の事務次官を代表する立場にある矢野が、俗な言い方が許されるなら男気を出して一勝負に出たと見ているのだ。

次官経験者の一人は、「あの論文の発表が失敗だったと断定するのはまだ早い」と前置きしながら、多少前向きに捉える一面を披露した。

「高市政調会長が発表とほぼ同時に、『大変失礼な言い方だ』と批判したことに、この問題の本質が隠されている。内閣人事局の発足以来、官僚はみな忖度《そんたく》、忖度で、きついことを言うと政治家に睨まれる。一度失敗すると将来がないという思いが霞が関に蔓延している中に、彼の論文が一石を投じたことは確かだろう。ただ、それがメディアで公表されたことで、高市さんのような厳しい反応、つまり財務次官といえども役人の分際で言いすぎではないか、という批判が反射的に出たところに、今の政と官の関係が如実に表れているように思う」

この次官経験者に、「あなたが論文を発表することはありえましたか？」と聞き返してみた。すると、この人物は「自分なら絶対にやらない」と即答し、やはり長い目で見た論文の波及効果に懸念を抱いている素ぶりを見せた。

「あの論文は、矢野君の人生に大きな影響を与えるだろうね。彼が学者の土俵に立つ、あるいは評論家の土俵に立てばそれはそれでいい。いや、彼はもはや、自分からそういう土俵を選んでいるということかもしれないな」

最後の言い回しは非常に意味深長である。財務省の中堅幹部が背伸びをしてあのような論文を発表するならまだしも、組織の長である事務次官がマスコミの最前線に登場することには、批判的にならざるをえない宿命的な立ち位置が皮肉に語られている。

三人の財務省次官経験者に限らず、官僚がしばしば口にする言葉に「役人の矩《のり》を踰《こ》えてはいけない」がある。矢野論文の感想を聞く中で一人がはっきりと明言したが、「矩」を辞書で引くと「おきて」と訳される。憲法が役人の存在意義を「全体の奉仕者」と規定するように、論文で自らの主張を大上段に振りかぶるのはやはり疑問なしとしない。

2 駆け出し記者が見聞きした事務次官像

赤絨毯エリアの栄光のポスト

異例の次官の姿から話を始めたが、あらためて事務方トップである事務次官とは、そもそもどんな存在なのだろうか？

この疑問に対する答えを導き出すため、ささやかな個人的体験をご紹介したい。

筆者は新聞社に入って横浜支局を振り出しに記者生活をスタートした。大学時代に一年近く海外を放浪した経験から、特派員を養成する外報部を希望したが、思いが遂げられぬまま第二志望の経済部配属となった。

大学の講義でアダム・スミスやケインズなどの著作は読む機会があったが、通り一遍の知識にすぎず、果たして経済部でやっていけるのか不安だらけの日々が始まった。

経済部では、新人の入門編となる東京証券取引所（通称・兜町）の担当となる。一九八〇（昭和五十五）年といえば、まだ場立ちが株の売買をしていた時代で、そんな活気のある市場風景を眺めながら、経済活動の初歩を学べという意味合いもあった。

二年目、配置換えで大蔵省（現財務省）の記者クラブである財政研究会（以下、財研）担当を命じられた。大蔵省がどんな組織か、東証が大蔵省の監督下にあった（現在は金融庁）ので、書物などから多少の知識は得ていたものの、「官庁の中の官庁」あるいは「霞が関最大のエリート集団」といった、一般の人と比べても毛の生えた程度のものでしかなかった。

その組織の頂点に立つ事務次官――「事務」と「次官」を組み合わせただけの単純な役職名だが、官僚の世界では、民間人が考える以上の大いなる存在である。それは、事務方トップであるという表面的な事実ではなく、三十数年の歳月をかけて同期入省者の中から勝ち上がる出世すごろくの最終勝利者であるからだ。

初めて財研に籍を置いた四〇年前、前任者に連れられて主だった幹部のところを挨拶回りした。古色蒼然とした四階建ての大蔵省、その二階が大臣官房の部屋になっていて、廊下には赤絨毯《じゅうたん》が敷かれていた。

大臣室を中心に、その隣りが事務次官、廊下を挟んで官房長、文書課長の部屋が並ぶ、まさにこの一角が大蔵省の中枢機能であることを、そのたたずまいからも感じ取ることができた。

そして本書の主題である事務次官は、キャリア官僚が昇り詰める栄光のポストであり、大臣と隣り合わせに配置されているのも頷《うなず》ける。大蔵省の官制が制定された一八八六（明治十九）年以降一三七年間、同期の中から原則一人が次官に就く慣行が長きにわたって続けられてきたのは、組織論から見て、どのような権威づけや存在意義があったからか。

人事の噂が会話の突破口に

いざ財研に配属になってみると、あまりにも巨大な組織を前にしてどこから攻め込んでいいやら途方に暮れた。当時は金融監督庁（現金融庁）が分離される以前で、主計、主税、理財、銀行、証券、国際金融局が一つ屋根の下にあり、それぞれの局が高度な専門性を駆使して行政を進めていた。主計であれば予算、主税であれば税制……、各局が管轄する最低限の知識がなければ取材の糸口さえ見出すことができず、おのずから土地勘のある証券局ばかりに足が向いた。

案の定、キャップから「証券局だけでなく、各局を万遍なく回らなければ、大蔵省を担当した意味がないじゃないか」と厳しい叱責を受けた。さて、この難問をどう突破するか、もちろん各局の所掌内容も少しずつ勉強しながら、当面の対症療法として「人事」をテコに彼らの懐に飛び込むのは無理にしても、取材の取っかかりを摑むぐらいはできるのではないかと思い至った。

省内を歩いていると、首相経験者の田中角栄や竹下登が官僚の入省年次をしっかり頭に入れているエピソードをよく耳にした。大蔵省に限らず、官僚の出世は同期入省を軸に闘いが進められ、その期の中から最終の上がりポストである事務次官が選ばれていくので、まずは彼らの入省年次を正確に押さえることから取りかかることにした。

現職キャリア官僚のポストが書かれた名簿（当時、それを「白表紙」と呼んでいた）を持ち歩き、一人ひとりの名前の上に年次を書き込みながら挨拶代わりの取材を始めた。とはいえ「入省は何年ですね」「同期に○○さんがいますね」と当たり障りのない質問をしても、話題はすぐに尽きてしまう。そこで、会話の突破口を開くきっかけとして「人事」を話題に振ろうとしたが、財研に赴任した早々から各年次の人事情報に通じているわけもなく、窮余の策として「事務次官」を話の糸口にすることにした。

キャリア官僚にとって事務次官はめざすべき最高の到達点であり、その栄光を射止めるのはどんな人物なのか。次官に昇格する人たちには、能力や人柄、仕事ぶりなどに共通する特徴はあるのか。次官昇格必須条件といった法則性は描けないにしても、それに類する必要十分条件のようなものは、彼らとのやり取りの中から浮かび上がらせることができるのではないか――そんな曖昧模糊とした結論を自ら導き出して、とにもかくにも彼らとの会話に入っていく作業に専念したものだ。

話を聞く相手は、自分の年齢（当時三十一歳）から一〇歳程度上の人たちを対象にした。さすがにこんな話題を局長・審議官クラスに振るわけにもいかず、三十代後半までの課長補佐クラスであればそれなりに許容範囲であろうと自身を納得させ、名刺を配りながら「ところで」と話題を転じ、事務次官論議に相手を引き入れる努力を続けた。

キャリアの出世三条件

私が見てきた官僚の世界は、人事がすべてであった。毎年、夏の定期異動が行われ、そのつど出世レースに残った、外れたを繰り返す官僚人事は、生き残り競争以外の何ものでもない。一人の次官を生み出すため、途中から同期が間引きされていく現実に、一群のエリート集団にあって、「何としても自分は残りたい」と内示されるポストに人生のすべてを懸ける姿が垣間見られた。

その毎年繰り返される人事異動の到達点が事務次官なのだから、そこに焦点を合わせて人事にまつわる話を聞けば、キャリア官僚の一面に迫ることができるかもしれない。来る日も来る日も挨拶代わりにこの話題を持ち出し、彼らの見方、感想をひたすら聞き回った。

いったい、事務次官にはどんな人物が選ばれるのか。ある程度理想のタイプの人物像に収斂するであろうことは事前に予想していたが、話の中身を大枠でくくると、以下の三つの要素にまとめることができた。

一、「彼があそこまで言っているのだから、受け入れざるをえない」と思わせる人間としての器量、あるいは人徳。

二、「彼なら危急存亡の時にも、安心して組織の舵取りを任せられる」と感じさせる安定感や懐の深さ。

三、「相手を最後の最後まで追い込まない」ハンドルの遊びを持つ人柄、人間性。

何も官僚に限らず、民間企業の出世条件と言われても異論をはさむ余地はないが、キャリア出世三点セットの一つひとつにエピソードを交えた解説を加えておこう。

まず、第一に挙げられた「彼があそこまで言っているのだから」と矛を収めさせる点だが、これはとりわけ多くの官僚が指摘した条件だった。中でも予算や税制を担う大蔵官僚は、政治家だけでなく他省庁の官僚との折衝が日常業務であり、霞が関の中でもより高い次元の説得力が求められる。そうした丁々発止の議論をもってしても結論に行き着かない時、最後の切り札になるのが、「彼があそこまで言っているのだから」という一種の免罪符に似た説得力である。のちに、初めての財研担当で得た知識が、実感を伴って納得するエピソードに出会った。

斎藤次郎（五九年）は国民福祉税で、田谷廣明（六八年）は過剰接待で国民の大批判を浴びた人物だが、あえて誤解を恐れずに言えば、仕事のできる人たちであったことは間違いない。

ある年の予算編成で斎藤―田谷が上下関係にあり、相手省庁が最後まで折れずに二人が万策尽きたという局面を迎えた。その際、斎藤が相手省庁の担当者に向かって、最後通牒ともいえる台詞《せりふ》を投げつけた。

「田谷があそこまで言っているのだから、これ以上の譲歩は無理ですよ」

結局、これを機に相手も引き下がらざるをえなかったそうだが、一義的に田谷に「彼があそこまで」の要素があったこと、それを上司の斎藤が援護射撃する形で収拾を図ったということだ。もちろん、そこに至るまでに大蔵、他省庁双方の担当者の間で信頼感が醸成されていなければ、こうした結論に達するのは不可能だったとは言えるだろう。

「タフ」さと「ハンドルの遊び」

二つ目の「危急存亡の時に舵取りを任せられる」安定感は、どんな組織にあっても必要不可欠な要素に違いない。「安定感」あるいは「懐の深さ」の背後には、「忍耐力」というもう一つの要素が伴わなければならず、いざという時にはテコでも動かない強い意志が必要になる。

ちょっと脇道にそれた見方のように映るかもしれないが、「疲れを見せない」タイプの人間がいる。霞が関の中では特に大蔵官僚に多く見られたが、要は、徹夜などどんな状況に追い込まれても何事もなかったように振る舞える人たちのことだ。別の言葉で表現すれば、「タフ」あるいは「メンタルストレスに強い人」というタイプで、これも安定感を支える重要な要因のように思われた。

そして三つ目の、相手をギリギリまで追い込まない「ハンドルの遊び」。筆者がのちに二度目の財研を担当していた頃、この要素が次官レースの勝敗を分けたと言われた事例があった。いずれも五九年入省組の斎藤次郎と土田正顕《まさあき》の甲乙つけ難いライバル二人で、どちらが次官になってもおかしくないと噂される時期が長く続いた。

二人の性格を多少デフォルメして語ると、斎藤は細かいことにこだわらない省エネ投法であり、部下に対しても無駄と思える作業を押しつけることはほとんどない。それに対し、仕事の鬼であった土田はカラオケの店に行っても天下国家を論じ、当面の課題をいかに解決すべきか、部下に議論を吹っかけるのが常であった。

そんな二人の次官レースは、最終的に斎藤に軍配が上がり、土田は銀行局長から国税庁長官への道を余儀なくされた。この結末を見て、当時の省内スズメのささやきは、「やはり優秀な二人の最後を分けたものは、ハンドルの遊びかな」という見方で一致した。

ここまでが、財研担当を通して得た〝教訓〟であり、その後の長い大蔵（財務）省ウォッチで確信へと変わった人物観察の要諦である。それらがしばしば出世パターンの雛型として脳裏に浮かび、次官レースに残るであろう人物を品定めする材料にしたものだ。

若手のホンネ

もっとも、これらの三要素がすべて揃っていればどんな世界でも出世は間違いないであろうし、そんな完全無欠な人間が毎年次にいるわけではない。取材に困りかろうじて探り当てた成果物というのが正しいが、物事には常に表と裏があるように、次官の昇格三要素とはまったく別の角度から、事務次官とはいったい何かについて課長補佐クラスのホンネが次々と飛び出してきた。その後の経験も踏まえて言えば、若手官僚が物おじせずに話すホンネのほうが、事務次官の実態を鋭く突いているように思われたものだ。

四〇年前と今とでは、国家公務員をめざす人材のレベルや絶対数にかなり差があるので単純な比較はできないが、当時の大蔵省は霞が関の中でもエリート中のエリートが集まる役所と仰ぎ見られていた。そして、成績優秀で受験競争を勝ち上がり、国家公務員試験も上位で合格した彼らは、いわゆる頭の良い人間にありがちな、会話や態度が極めてシャイなタイプの人物が多かった。それだけに、ホンネで何を考えているのか摑むのが難しく、どこまで真の心根に肉薄できたか心許ないものの、若手官僚と交した会話から〝次官への思い〟に迫ってみることにしよう。

いろいろな角度から次官への願望を尋ねても「自分は次官になりたい」とか、「同期を見回しても次官にふさわしいのは自分しかいない」などと直截《ちょくせつ》な返事を返してくる人は皆無だった。「まだ二〇年以上先の話」とか、あるいは「次官だけが官僚人生の最終目標ではない」とか、旗幟《きし》を鮮明にするのを極力避けようとする回答がほとんどと言ってよかった。

そんなやり取りをしながら、少しずつ心の襞《ひだ》に触れる会話を続けるうち、ある模範的な答えに行き着いた。それは、言質を取られない官僚答弁の最たるものではあったが、一面の真理は突いているように思われた。

「自分なりにこれぞという面白い仕事ができて、そんな官僚生活の末に次官の道が開けるなら、最高でしょうけどねえ」

この人物、途中から国会議員に転身し、今は中堅の衆議院議員として活躍している。三〇年近くが過ぎた今から振り返ると、国会議員をめざす大きな方針転換の裏で、自分がそれまで歩んできたポストを顧《かえり》みて次官昇格は難しい、と見切りをつけた結果があのような名答弁になったと思えないこともない。

だが、入省一〇年程度で「自分は将来、次官間違いなし」と確信を持てる人物などいるはずはなく、誰しも「あるいは自分にも……」と二〇年以上先の将来像を夢想しているのが現実だったろう。であればこそ、かの名答弁はほぼ誰もが抱く次官願望の模範的な回答だったのかもしれない。

なぜなら、同じ年に入省したキャリアの中から、毎年ほぼ一人が次官になる慣行が定着していたこの頃、二十数人の同期生にとって確率は低いものの、誰か一人が次官を射止めるのは入省時からほぼ約束されていたからだ。しかも、東大法学部卒同士による閉ざされた世界での勝ち残り競争だけに、「あいつだけには負けたくない」という自負がお互いの胸の内に渦巻き、やはり心のどこかで次官昇格を夢想する人たちの集団であったことは確かだった。

挨拶要員としての次官

その一方で、次官という存在を冷めた目で語る若手も少なくなかった。エリートゆえの屈折した心情がそんな言葉を吐かせるのか、口を突いて出てくるのは次のフレーズで共通していた。

――「セレモニー屋」

これが意味するところは、要するに次官の引き継ぎや新人の歓迎会、退職者のお別れ会など、セレモニーに際しての挨拶要員として必須の存在という皮肉を込めた見方だ。国会審議でまだ官僚が答弁に立っていたこの時代にあっても、次官は政府委員の立場を外れて国会に呼ばれることがなく、次官の対外的な役割が何か儀式があった時に挨拶するぐらいしかなかったのも事実であった。

実際、栄光のポストに就いたばかりの次官昇格者を何人か見てきたが、ようやく頂点に辿り着いた充実感とともに、これで闘いは終わったという安堵感がないまぜになって表情に表れていた。後者の安堵感は、意地悪く解釈するなら燃え尽き症候群のように見えないこともなく、一仕事終えた人間の優雅な天下りを前にした骨休めの場と映ったのも確かである。

次官の内示を受け、その椅子に座るまで何日間かの待機期間があるが、そこでどんな心の準備をするか、興味本位に聞いてみたことがある。「三〇年以上もこの役所に勤めてきて、特別に何かすることはないよ」という答えがすべてと言ってよかったが、本人から直に聞いたわけではないものの、一人だけ次官就任に備えてあることを実行した人物がいた。

すでに故人となった小川是（六二年）で、住宅金融専門会社（住専）処理や大蔵省不祥事の責任を取って在任七ヶ月で辞職した篠沢恭助次官（六〇年）の後任に内定した時である（1章で既出）。のちのち、厳格な性格の小川さんらしいと話に尾ひれがついて省内で語り継がれるようになるが、次官としての自分を律する指針にする狙いからか、日本国憲法と大蔵省設置法を熟読して就任の日に備えたというのだ。

憲法は日本の最高法規だけに官僚トップが目を通すのは理解できるが、大蔵省設置法を選んだのはなぜなのか。恐らく、就任当時最も難題として突きつけられた住専の処理策を実行に移す上で、どのような省内の体制で臨むべきか、参考にしたい思惑があったためと思われる。

いや、それ以上に住専問題を契機にしてますます声高に叫ばれるようになった、金融行政の機能分離などいわゆる大蔵省解体論にどう対抗していくべきか暗中模索していた時期に当たり、設置法に何らかのヒントを見出そうとしていたのかもしれない。この頃の大蔵省は、ある意味で「危急存亡の時」を迎えていたと言えないこともなく、八方塞がりの状態からいかに抜け出すか、小川新次官に課せられた宿題はとりわけ大きなものがあったのだ。

3　近代日本の中の事務次官

大蔵省の誕生

1章は過去三〇年間の官僚不祥事の深層を探ったが、時計の針をさらに巻き戻し、近代日本が成立した明治時代に立ち返って、事務次官の役割を探ってみたい。

今は中央官庁の事務方トップを「事務次官」と呼ぶが、その名称はいくつかの変遷を経て今日に至っている。始まりは、日本に内閣制度が創設されたのと時期を一にしており、大蔵省設置に始まる歴史的経緯を駆け足で振り返ってみよう。

明治維新を契機に、古代の律令制に倣った太政官制度が復活した。太政大臣、左大臣、右大臣、参議など古めかしい官職名がそのまま用いられ、公家をはじめ、倒幕の主体となった薩摩、長州、土佐、肥後など雄藩の下級武士が実権を握った。一八六八（慶応四）年に公布された政体書には、「天下ノ権力総テ之ヲ太政官ニ帰ス」と明記され、形式上、太政官が立法、行政、司法の三権を統轄した。

こうして成立した明治政府は、翌六九年、大蔵、民部など六省を設置する。統一国家の形成をめざした行政機構が産声を上げた瞬間であり、初代の大蔵大輔には大隈重信、大蔵卿には松平慶永が就いた。『日本の官庁―その人と組織―大蔵省・経済企画庁』（政策時報社）は、直後の大蔵省をこう記述する。

「当時の大蔵省といえば、出納、租税、監督、通商、鉱山、用度、営繕などの7司が置かれ、財政と内政の両権力を手中に納め、「政治の半分は大蔵省がやった」といわれたほど強力な権力をもっていた。

当然、この強力な権力機構に明治政府の柱石となった人材が集まった。たとえば大久保利通、大隈重信、伊藤博文、井上馨、陸奥宗光、松方正義、益田孝、前島密、郷純造、渋沢栄一、吉田清成、津田出らである。いわゆる近代官僚制度の創設者たちだ」

大久保、伊藤、井上ら維新の功労者に交じって、渋沢栄一の名前が登場する。二〇二一年、NHKの大河ドラマが渋沢を主人公にしたので、彼の人生行路を大づかみに知った読者は多いと思うが、近代官僚制度創設者の一人に挙げられた大蔵省人生にスポットを当ててみる。

大蔵官僚・渋沢栄一

徳川最後の将軍、慶喜の弟、民部大輔昭武《あきたけ》のパリ万国博覧会出席に随行した渋沢が、日本に帰国した時にはすでに明治政府がスタートしていた。慶喜を慕って一時静岡藩に身を寄せていたが、彼の能力と識見の高さを伝え聞いた大隈重信大蔵大輔によって新政府に呼び出され、六九年十一月、三十歳で大蔵省に出仕した。

最初の肩書きは、租税司租税正であったが、翌月には民部省改正掛長を兼務した。さらに翌七〇年五月に富岡製糸場主任を任せられるなど、本人の能力によるものか、幕府側の人間だったにもかかわらず異例の昇進を遂げた。ここでは大蔵省秘書課が作成した名簿に沿って昇進ポスト（兼務を除く）を箇条書きにすると、大蔵少丞―大蔵権大丞―枢密権大使―大蔵大丞―大蔵少輔事務取扱と、長くて九ヶ月、短い時は二ヶ月で次々と出世の階段を駆け上がった。

それぞれのポストを現在の役職と比較するのは難しいが、租税司が課長の役職級、大蔵権大丞と大蔵大丞が局長級、大蔵少輔は事実上の事務次官と見倣していいポストのようだ。陸海軍費節約による均衡財政主義の主張が認められず、上司の井上馨とともに辞職したのが、

■図表2　近代日本の官僚制度関連年表

1882年	伊藤博文、憲法調査のため欧州へ出発
85年	太政官制を廃して内閣制度を創設。第1次伊藤内閣発足 （内閣総理大臣および外務、内務、大蔵、陸軍、海軍、司法、文部、農商務、逓信の各大臣を置き、内閣に法制局を設置）
86年	各省官制を公布 （各省に次官、秘書官、書記官、局長、参事官、局次長、試補および属を置く行政機構が定められる）
87年	文官試験試補及見習規則を定める
89年	大日本帝国憲法発布（翌90年施行）
94年	第1回高等文官試験（高文）を実施
1924年	各省官制通則を改正 （各省に政務次官、参与官を新設）
43年	高等文官試験を停止
46年	日本国憲法公布
47年	国家公務員法公布
48年	国家行政組織法制定
49年	第1回国家公務員試験実施
60年	第1回国家公務員採用上級（甲種・乙種）試験実施
85年	第1回国家公務員採用（Ⅰ種・Ⅱ種）試験実施
2001年	中央省庁等改革基本法に基づく中央省庁の再編 （1府12省庁）
12年	第1回国家公務員採用（総合職・一般職）試験実施
14年	内閣人事局創設 （中央省庁の審議官級以上600人が対象）

注：事務次官の名称は、各省官制が公布されて以降、次官、総務長官、次官、事務次官と変更されてきた。

七三年五月、新政府が誕生して間もなくとはいえ、大蔵省在職約三年半の出世ぶりには目をみはるものがある。

明治維新直後の太政官時代の大蔵省を理解するため、のちに「資本主義の父」と呼ばれる渋沢に代表してもらった。三十代前半で次官級の仕事を任される実力もさることながら、彼の均衡財政主義が政府内でさまざまな軋轢《あつれき》をもたらすなど、新政府の足元は定まらないまま混乱の日々が続いた。

「次官」の誕生

結局、日本の伝統的な太政官制を母体に国家運営の基盤づくりを急ごうとしたものの、三権分立を基軸とする近代国家の体制整備には馴染まないことが理解されるようになった。そこで、政治行政組織のあり方を一から学ぶため、新政府は伊藤博文を代表とする視察団を欧州へ派遣した。

彼らは、欧州の中でもビスマルク統治下のプロイセン（現ドイツ）を参考に、新たな国家ビジョンを練り上げた。そして明治維新から二〇年近くを経た一八八五（明治十八）年、太政官制を廃して近代日本の幕明けを告げる内閣制度を創設。首班である内閣総理大臣と、大蔵、内務、外務など九人の国務大臣から成る本格的な内閣を発足させ、初代総理大臣には伊藤博文が就任した。

翌八六年、現行官僚制度の基礎となる各省官制が制定された。その通則の中で、各省大臣の職務権限をはじめ、次官、局長、参事官など各省に共通する職員の配置や等級などが決められる。現在の「事務次官」の原型となる「次官」という役職名が誕生したのもこの時が初めてであり、今日まで一三七年の歴史を閲《けみ》してきたことになる。

「勅令　第二号」と銘打たれた各省官制は、官僚が天皇の官吏であった時代を端的に物語るように、冒頭、明治天皇による以下の文言が記されている。

「朕各省ノ官制ヲ裁可シ茲《ここ》ニ之ヲ公布セシム

睦仁

明治十九年二月二十六日

内閣総理大臣伯爵伊藤博文」

第一条は、「各省」の対象となる官庁を羅列する。すなわち、外務省、内務省、大蔵省、陸軍省、海軍省、司法省、文部省、農商務省、逓信省である。

日本の官僚機構は、これら九つの官庁を先駆けとして誕生した。陸、海軍省を除けば、現在の主要官庁の骨格がこの時期成立したことになる。

戦前の大臣と次官の関係

各省大臣と次官の関係は、どのように規定されていたのか。第九条がそれに当たるが、職務に関する部分は次のように記述されている。

「（前略）各省大臣ハ其職務ヲ次官ニ代理セシメ又ハ其職務ノ一部ヲ次官ニ委任スルコトヲ得」

書きぶりが柔軟で、大臣と次官の関係がより近く感じられるが、実際、日々の業務で大臣がどこまで次官に任せていたかは詳《つまび》らかではない。大臣―副大臣―政務官が政治家代表としてポストを得ている今日とは違い、次官の地位は大臣により近い位置づけにあったのかもしれない。
第九条は大臣の側から見た次官との関係だが、次官に与えられた職務内容は第三十条に明記された。

「次官ハ総務局長トナリ命ヲ大臣ニ承ケ各局課ノ事務ヲ監督シ省務ノ全部ヲ整理スルノ責ニ任ス」

「おや、どこかで見たような条文だな」と感じた読者もいるだろう。そう、戦後の一九四九（昭和二十四）年に施行された国家行政組織法に書かれた事務次官の役割である。

「事務次官は、その省の長である大臣を助け、省務を整理し、各部局及び機関の事務を監督する」（第十八条第二項）

「大臣の命を承る」か、「大臣を助ける」かの違いはあるが、「省務を整理」し、「事務を監督」する部分はそのまま戦後に引き継がれている。

その後、次官の名称は一九〇〇（明治三十三）年に「総務長官」に変更されるが、それからわずか三年後に再び次官に戻った。現行の事務次官となったのは戦後の一九四九年のことで、すでに七〇年以上事務方のトップはこの名称で呼ばれている。

話は少し脇道にそれるが、『広辞苑』にはこんな記述が見られる。

「すけ［次官］（助の意）

律令制の四等官の第2位。長官を輔佐し、長官に事故ある時はこれに代わる」

それぞれの役所によって言い方が変わり、省では「輔」、職では「亮」、寮では「助」などの文字が使われた。いずれにせよ、太政官制の流れを汲む由緒ある名前であり、大臣に次ぐポストだから単純に「次官」と呼んだわけではないようだ。

初代の大蔵次官・郷

内閣制度発足に伴って誕生した次官という肩書きだが、これまでに何代、何人の大蔵、財務次官（戦後は事務次官）がこのポストに就いてきたのだろう。結論から言うと、通算九二代、八八人が栄光の椅子に座った（一二二頁の図表3を参照）。ここで数字に差があるのは、戦前四人が二度にわたり次官を務めたためだ。

初代は郷純造という人物であり、先述の近代官僚制度創設者の一人に名前が見える。大久保利通や伊藤博文など維新の英雄というわけではなく、大蔵省が設置される前の会計局に組頭として出仕し、同省が正式に発足すると大蔵少丞のポストに就いた。

その後は、大蔵権大丞、大蔵大丞・国債頭心得、大蔵大書記官・国債局長、大蔵少輔心得など実務畑を歩んだ。そして大蔵少輔兼主税官長を経て、一八八六年三月に初の大蔵次官を拝命する。二年八ヶ月にわたって次官を務めた後、二〇年近く貴族院議員（勅選）の地位にあった。実業家として日本商工会議所会頭などを歴任した郷誠之助は純造の次男。

郷を初代に歴代次官は八八人にのぼるので、一人ひとりを紹介するほど紙幅に余裕はないが、いわゆる著名人と呼んでいい何人かの次官を紹介しておこう。戦前の次官経験者の中からは、一一人が大蔵大臣、二人が総理大臣にまで昇り詰めており、次官そのものの地位が高く、とりわけエリート中のエリートが選ばれた時代だったことが窺える。

超大物次官の六代目・阪谷

六代目に、阪谷芳郎《さかたによしろう》がいる。一般によく名前が知られているわけではないが、いくつかのエピソードで、知る人ぞ知る超大物の大蔵官僚であった。

岡山県士族の四男として生まれた阪谷は、内閣制度発足直前の一八八四（明治十七）年、准判任御用掛として大蔵省に入った。早くから頭角を現したようで、事実上の次官にまで昇格した渋沢栄一の覚えめでたく、次女の琴子と結婚している。

恐らく、一部の上司からは「暴言」と冷ややかに見られたはずだが、阪谷が入省間もなく呟いた言葉が今も語り継がれる。

「なんで、大蔵省はこんなに人を採るのか。次官のポストは一つだけなのだから、自分一人いれば十分ではないか」

いやはや、自信に溢れた台詞ではある。いつ、どんな状況下で吐いた言葉かが明らかではないので、心の内を探るのは難しいが、周囲の人物を見回して自分の能力に相当な自信があったのだろう。あるいは、渋沢の娘婿になった後の台詞だとすれば、岳父の権威をカサに思わずホンネを呟いてしまった言葉と言えないこともない。

大言壮語とも思える暴言の詮索はともかく、入省後の出世ぶりは非の打ちどころがない。

主計官・主計局調査課長、主計局貨幣課長などを経て、入省から一三年目で主計局長に就任。その後、事務方トップの次官を四年七ヶ月務め、さらに大蔵大臣のポストも射止めて二年間の任期をまっとうした。

今の財務省の組織とは比較できないものの、主計官に昇格したあとはほぼ主計局一筋に過ごしている。予算が重要なことは当時も今も変わりがないとすれば、能力によって出世を勝ち得た人物と見て間違いなさそうだ。

若槻禮次郎と濱口雄幸

ここからは、究極の出世頭として内閣総理大臣にまで昇り詰めた二人の人物にスポットを当てよう。若槻禮次郎と濱口雄幸であり、いずれも次官―大蔵大臣―内閣総理大臣をすべて掌中に収めた出世頭中の出世頭だ。

まず、若槻は一八九二（明治二十五）年に大蔵省試補として入省し、四年後に主税局に移ったあとは一貫して主税畑で過ごした。内国税課長心得、内国税課長兼醸造試験所所長などを経て主税局長から次官に昇格している。

その後、貴族院議員（勅選）に選ばれて、大正時代の初め、二度にわたり蔵相に任命された。さらに加藤高明内閣の内相となり、普通選挙法や治安維持法の成立を推進するとともに、加藤の病没後憲政会総裁を継いで一九二六（大正十五）年に第一次若槻内閣を組閣、ロンドン海軍軍縮会議の首席全権となって海軍や右翼の反対を押し切って条約を締結したり、日米開戦に反対する意見を述べたり、政治家として自らの信念を貫いた人物であった。

もう一人の濱口雄幸。その風貌から〝ライオン宰相〟として今も語り継がれる著名な政治家だが、大蔵省時代は決して恵まれた日々を送ったわけではなかった。山形県収税長を振り出しに、松江、名古屋の税務管理局、松山、熊本の税務管理局長、さらに東京税務監督局長と、入省後のキャリアの大半を今でいう税務署、あるいは国税局を転々として過ごした。

三十代半ばで煙草専売局に移り、そこで出世の階段を地道に昇って専売局長官を拝命する。主計、主税局など主流の部署と専売局との間にどれくらいの格差があったか推して知るべしだが、第二次大隈重信内閣で大蔵次官のポストを得た。

次官を終えるや衆議院議員となり、蔵相、内相を経て、一九二九（昭和四）年に内閣総理大臣に就任する。翌三〇年の金解禁の断行、ロンドン海軍軍縮条約の調印と重大な政策を次々に実現したが、特に後者に不満を持った右翼に東京駅で狙撃されて重傷を負い、それがもとで翌年総辞職、間もなく死去した。

戦後は池田勇人ひとり

第二次大戦終結までの次官経験者から、大蔵大臣、内閣総理大臣まで務めた出世頭を取り上げた。次官に就任した三〇人のうち、蔵相一一人、総理大臣二人を輩出しており、キャリア官僚を選考する高等文官試験（いわゆる高文）で選び抜かれた一握りのエリート同士の出世競争の結果と見ることもできる。

では、戦後に事務次官に昇格した人たちのうちで、蔵相や総理大臣にまでなった人物はどれくらいいるだろう。次官経験者は五七人にのぼるが、最終的に両方のポストを射止めたのは池田勇人ただ一人である。

京都帝大法学部を卒業して、一九二五（大正十四）年に大蔵省に入る。銀行局を振り出しに、函館、宇都宮、玉造と三ヶ所の税務署長を務める。税の知識が買われてか、その後はほぼ一貫して税務畑で過ごし、東京財務局長、主税局長を経て、戦後間もない四七（昭和二十二）年に次官に就任した。

京大卒といい、主税中心の経歴といい、当時の大蔵省では明らかに非主流の人物であった。そんなキャリアでありながら、次官にまでなれたのは、戦後のどさくさで上司や同期の多くが公職追放される中、ピカピカのエリートでなかったことが幸いして次官のポストを摑んだとも言われる。

大蔵省退官後、一年足らずで衆議院議員に当選、その後は通産大臣、大蔵大臣と駆け昇って六〇（昭和三十五）年に内閣総理大臣となった。池田が提唱した所得倍増計画は高度経済成長の支えとなり、日本が廃墟の中から立ち上がる推進役を担ったことは明らかだ。

大蔵官僚の政界進出小史

それにしても戦前と戦後では次官の政界転身後の出世ぶりに、なぜこれほど大きな差があるのか。次官ポストそのものの重みが薄れてきたこともあるが、退官後に政界に出ても雑巾掛けから一歩一歩上をめざさなければならず、五十歳を過ぎてからの転身では総理のポストを獲得するまで時間が足りないということか。

実際、大蔵官僚の政界進出を振り返ると、八〇年代後半までは、次官コースをそれた、あるいは自身もその道を諦めた人物が選挙に打って出るケースがよく見られた。大蔵省の肩書きがあるからといって必ずしも当選が約束されるわけではなく、一期、二期は議員名簿に名を連ねても、連続当選を飾るのは年齢とともに難しくなっているように見受けられた。

九〇年代以降は、大蔵省不祥事の影響もあってか、むしろ若手で優秀な人から役人を辞めて国会をめざす傾向が強まっている。大蔵省（財務省）を政界進出の腰掛けのように考えているのではと思われる人物もいて、役所で事務次官をめざすタイプと、政界へのワンステップと考えるタイプと、大きく二つの塊に分かれてきているように思う。

平均在職年数は一年半

歴代大蔵・財務省の事務次官は、平均すると何年ぐらい在職していただろうか。

一八八六（明治十九）年の各省官制創設をきっかけに次官制度が誕生し、二〇二三年で一三七年になることは何度か触れたが、この間、四人の次官が二度務め、大蔵省から財務省に名称変更する際に、一人の人物が両省の次官に就いた。この結果、一三七年で九二代、八八人の次官が就任しており、在職年数はあくまで「代」ごとに計算することにした。

こうした前提で年数の平均をはじき出すと、一年六ヶ月という結果が得られた（図表3を参照）。これをどう評価するかは人によってさまざまだろうが、二年と一年のちょうど中間にある数字は、ある意味で多くのことを語りかける。

一年六ヶ月を長いと見るか、あるいは短いと見るか。とりわけ、近年は入省同期から二人、

■図表３　歴代の大蔵・財務事務次官の在職年数

	歴代	氏　名	在職年数
戦前・大蔵省	1	郷純造	2.8
	2	渡辺国武	3.9
	3	田尻稲次郎	5.11
	4	添田壽一	0.4
	5	田尻稲次郎	2.7
	6	阪谷芳郎	4.7
	7	若槻禮次郎	1.3
	8	水町袈裟六	1.2
	9	桜井鉄太郎	0.1
	10	若槻禮次郎	3.2
	11	橋本圭三郎	1.3
	12	勝田主計	1.4
	13	濱口雄幸	1.3
	14	菅原通敬	1.3
	15	勝田主計	0.2
	16	市来乙彦	1.10
	17	神野勝之助	3.8
	18	西野元	2
	19	小野義一	0.2
	20	田　昌	2.8
	21	黒田英雄	2.3
	22	河田烈	2.5
	23	黒田英雄	2.5
	24	藤井真信	0.2
	25	津島壽一	1.8
	26	川越丈雄	0.11
	27	賀屋興宣	0.4
	28	石渡荘太郎	1.7
	29	大野龍太	1.6
	30	広瀬豊作	1
	31	谷口恒二	2.8
	32	松隈秀雄	0.11
	33	田中豊	0.2
	34	山際正道	0.9
戦後・大蔵省	35	山田義見	1.1
	36	池田勇人	1.1
	37	野田卯一	0.11
	38	長沼弘毅	2.2
	39	舟山正吉	2.4
	40	河野一之	1.11
	41	平田敬一郎	1.10
	42	森永貞一郎	2
	43	石田正	1.11
	44	石原周夫	1.11
	45	石野信一	2
	46	佐藤一郎	1.9
	47	谷村裕	1.5
	48	村上孝太郎	1.2
	49	澄田智	1.10
	50	鳩山威一郎	1
	51	吉國二郎	1
	52	相澤英之	1
	53	髙木文雄	1.1
	54	竹内道雄	1.11
	55	吉瀬維哉	1
	56	大倉真隆	1.1
	57	長岡實	0.11
	58	田中敬	1
	59	高橋元	1
	60	松下康雄	2
	61	山口光秀	2
	62	吉野良彦	2
	63	西垣昭	1
	64	平澤貞昭	1
	65	小粥正巳	1
	66	保田博	1
	67	尾崎護	1
	68	斎藤次郎	1.11
	69	篠沢恭助	0.7
	70	小川是	1.6
	71	小村武	0.6
	72	田波耕治	1.6
	73	薄井信明	0.11
	74	武藤敏郎	0.7
財務省	1	武藤敏郎	2
	2	林正和	1.6
	3	細川興一	2
	4	藤井秀人	1
	5	津田廣喜	1
	6	杉本和行	1
	7	丹呉泰健	1
	8	勝栄二郎	2.1
	9	真砂靖	0.10
	10	木下康司	1.1
	11	香川俊介	1
	12	田中一穂	0.11
	13	佐藤慎一	1.1
	14	福田淳一	0.9
	15	岡本薫明	2
	16	太田充	1
	17	矢野康治	0.11
	18	茶谷栄治	

	平均在職年数
全：92代　88人	1年6ヶ月
戦前：34代　30人	1年9ヶ月
戦後：58代　57人	1年4ヶ月
平成以降：（64代平澤貞昭〜17代矢野康治）	1年2ヶ月

注１：武藤は大蔵・財務両次官にカウントした。注２：現職の茶谷は平均在職年数にカウントせず。注３：小数点以下は月数を表す

時には三人が次官ポストをたらい回しして、一年ごとに交代するケースが目立っただけに、むしろ長いと感じる向きが多いかもしれない。

そこで、実際の平均在職年数がどうだったかを比較するため、戦前と戦後、平成以降に分けて数字を比較してみたい。

まず、戦前と戦後――。

どこで線を引くかだが、一九四五（昭和二十）年四月から四六年一月まで次官を務めた第三四代の山際正道までを戦前派、四六年一月から四七年二月までの次官だった第三五代山田義見を戦後派とする。戦前派三〇人、戦後派五七人の平均を取ると、戦前は一年九ヶ月、戦後は一年四ヶ月となった。

それほど大きな違いはないと思われるかもしれないが、戦前と戦後では政治体制がまったく異なることを考慮する必要がある。政友会と民政党の二大政党による政争が長く続いた戦前は、時の政権に近いかどうかが次官に就く、さらにはそのポストを維持するカギを握っていたからだ。

すべてが政権争いによるものとは言い切れないものの、田尻稲次郎という人物は、第三代の時に五年一一ヶ月、二度目の第五代の時に二年七ヶ月、通算八年半にわたって次官の座にあった。日本資本主義の父、渋沢栄一の娘婿であった先述の阪谷芳郎は、岳父の威光がプラスに働いたのか、はたまた本人の実力の為《な》せる業か、四年七ヶ月に及ぶ在職年数を誇った。

一方、極端に短命の次官も散見される。桜井鉄太郎（第九代）一ヶ月、小野義一（第一九代）、藤井真信《さだのぶ》（第二四代）、田中豊（第三三代）がともに二ヶ月と、志半ばどころかほとんど何もできないまま次官ポストを去っている。

これほど長命と短命の両極端が入り交じった戦前だけに、一年九ヶ月はそれなりに任期をまっとうしている印象が強い。四人が二代にわたって次官を務めたことを考え合わせると、一人平均の在職年数は二年近くに及ぶ勘定になる。

平成以降はますます短縮

次に、平成以前とそれ以降——。

なぜ、平成以前と以降で区切ったかというと、同期から複数の次官が誕生するなど、平成以降の在職年数が明らかに短くなっているためだ。昭和最後の次官だった西垣昭（第六三代）以前と、平成に入って就任した平澤貞昭（第六四代）以降で比べてみると、平成以前が一年七ヶ月、平成以降が一年二ヶ月と、平均年数にかなりの開きが出た。平成以降も武藤敏郎、細川興一《こういち》、勝栄二郎、岡本薫明《しげあき》らの二年次官はいたが、平均では限りなく一年に近づきつつあるのが現状だ。

　このような現象はさまざまな要因が重なり合って生じているので、これぞという理由を挙げるのは難しいが、あえて一つに絞れと言われれば、天下り先の恒常的な減少を挙げざるをえない。霞が関のキャリア人事は、同期の中から一人の次官を選任するための間引きの論理で回っているので、課長の最後から審議官の初め辺りでトコロテン方式に辞めざるをえない人たちに加え、次官自身も狭まる天下り先から後輩に道を譲らなければならない現実に直面しているのだ。ある次官ＯＢが「今の次官ポストはまるで互助組合のようだ」と皮肉交じりに語るのを聞いたが、狭まる天下り先をたらい回しする傾向はますます強まって、在職年数も限りなく一年に近づいていくのは避けられない道なのだろう。

4　二つの激変期――ＧＨＱと民主党政権

国家行政組織法の定義

大蔵省の若手官僚がしばしば口にした「セレモニー屋」という皮肉を込めた言葉は、初めての財研担当から四〇年が過ぎてもまったく色褪せることなく耳に残っている。いや、それどころか事務次官の存在意義を今こそ根本から問い直す時期に来ているのではないかとさえ思う。各省官制が規定されてから多少の見直しが行われてきたとはいえ、この事務方トップの肩書きはすでに手垢まみれになっているとしか思えないからだ。

改めて、国家行政組織法に明記された「事務次官」の定義をおさらいしておく。

「第一八条①　各省には、事務次官一人を置く。
同　②　事務次官は、その省の長である大臣を助け、省務を整理し、各部局及び機関の事務を監督する」

①はともかく、②の記述をじっくり読んでもらいたい。要は、「大臣を助」け、「省務を整理」し、「事務を監督」することを主要業務としているが、当たり前の職務を当たり前に書いているにすぎない。法律は、あらゆる事態を想定してそれに対する備えを羅列しておくべきものだから、このような無味乾燥な記述になるのも致しかたない。

国家行政組織法は、明治憲法下の各省官制通則が現行憲法施行によって廃止されたのにともない、一九四九（昭和二十四）年六月、新たに施行された。この法律は、内閣の統轄下における行政機関の組織基準を定めたもので、これに基づいて行政機関の設置や廃止、所掌事務や権限などを具体的に規制する各省庁設置法が別途定められている。

それまで「次官」と呼ばれた役職を、ここで初めて「事務次官」に改めた。次官に事務を付け加えた理由は定かではないものの、あくまで想像の範囲で言わせてもらえば、大臣や政務次官（当時）などの政治家と一線を画す狙いがあったのではないか。

ＧＨＱの官僚機構改革

こうしてそれまでの「次官」は、戦後、「事務次官」と名称が変更された。それ自体はささやかな改正にすぎないが、背景には、敗戦日本に進駐してきたGHQ（連合国軍総司令部）の強大な圧力があったはずである。一八八六年の各省官制施行を起点とする国家行政機構の改革に、GHQはどのような姿勢で臨んだのだろうか。

日本に対する占領政策は、連合国による共同管理という形は取っていたが、実権はアメリカ政府の指令下にあるGHQに置かれた。マッカーサー元帥を中心に、事実上、アメリカが単独で占領権を実施する立場にあった。

軍国主義の象徴であった軍事機構を解体するとともに、戦争責任者の公職追放を徹底して進めた。加えて、財閥の解体、農地改革、労働組合の育成といった、社会改革や民主化政策にも積極的に取り組んだ。

そんな一連の改革が進められる中で、官僚機構に対するGHQの方針はどのようなものだったのだろう。内務省の解体や公職追放など一部で強硬な措置が取られたが、官僚機構全体で見ると「骨格は温存された」という見方が正鵠《せいこく》を射ている。財務省出身で官僚制度に詳しい田中秀明明治大学公共政策大学院教授は、「米ソの冷戦構造に対処するため、当初の方針が変わった」と前置きして、その間の経緯を次のように説明した。

「GHQは明らかに、日本の官僚制度を根本的に改革しようと考えていた。それが大きく変化したのは、折から共産主義勢力が増大する中で、日本にその防波堤の役割を担わせる必要に迫られたためです。その結果、官僚改革は不完全な形で終わってしまい、キャリア制度に象徴される戦前からの身分制度がそのまま残ってしまった。新設の国家公務員法もアメリカ的で厳しい規律を求めた内容だったが、やがて法律のタテマエと実態が乖離していき、改革は換骨奪胎の道を辿っていくことになりました」

戦前と戦後の違いは次官が事務次官になっただけとは言わないまでも、大蔵省に関する限り、組織や人事が劇的に変わったという話はあまり聞かない。明治の高等文官試験（高文）の大枠が戦後も引き継がれた結果、東大法学部出身者の牙城であるキャリア制度がほぼ無傷のまま生き残り、その頂点に位する「事務次官」は一八八六（明治十九）年の各省官制制度以降、これもまた無傷のまま一三七年の歴史をものともせずに生き延びてきたといっていい。

ただ、誤解を避けるためにここで断っておかなければならないのは、戦前と戦後との国家体制の明白な相違である。明治憲法下の戦前において、官僚はあくまで天皇の官吏であって、大蔵省も天皇の官制大権により勅令の形式で設置された。

それに対し、戦後は日本国憲法第一五条第二項に、「すべて公務員は、全体の奉仕者であつて、一部の奉仕者ではない」と定められた。国家の主体が天皇から国民へと、コペルニクス的転回と呼んでいいほど一八〇度の転換をみたのだ。

民主党政権で廃止された次官会議

第二次大戦を境にそんな劇的な変化を経験しながら、官僚組織は仕える相手が天皇から国民に代わっただけで、組織も人もほぼ無傷のまま引き継がれてきた。一三〇年を超える歳月をものともせず存続してきた官僚制度のしたたかさを痛感せざるをえないが、あえて「事務次官」に焦点を絞れば、近年、一度だけ廃止の憂き目に遭う出来事があった。民主党の鳩山由紀夫政権が「官僚は敵だ」として、排除の論理を盾に実施した事務次官会議の廃止である。

事務次官会議の概要を説明すると、閣議決定する法案や政令を事前に調整・決定する場として機能してきた。週二回、閣議の前日に開かれ、各省庁の担当者はこの会議をめざして他省庁との擦り合わせを進めた。

次官会議が発足したのは、各省官制が施行されたのと同じ一八八六年のことで、まさに各省設置と同時に次官会議もスタートしている。当初から法律で規定された制度ではなく、提出議案は担当者レベルで事前に調整が済んでいたため、各省トップの次官同士が確認し合うセレモニーの色彩が強い会議だったようだ。

そんな存在に真正面からメスを入れようとしたのが民主党であり、衆院選のマニフェストで「官僚支配の象徴」と切り捨てて会議の廃止を主張した。二〇〇九年九月の政権交代とほぼ同時に鳩山首相は、所信表明演説で「政策決定は官僚を介さず、政務三役が担う」と宣言、会議の廃止を即実施に移した。マニフェストの主張通り、各省の意思決定は、大臣、副大臣、政務官による政務三役会議が担う方式に切り替えたのだ。

だが、官僚を排除して形式的な「政治主導」は演出したものの、霞が関の強い反発を招いて事務の停滞を招くようになる。次第に十分な情報が官邸に集まらなくなり、行政自体がスムーズに進まない事態が現実のものとなった。

そこで、鳩山に代わる菅直人政権は一年数ヶ月後の二〇一〇年十二月、政務三役会議への事務次官の陪席を閣僚に要請した。さらに東日本大震災（二〇一一年三月）を契機として、政と官の意思疎通を円滑にする必要に迫られ、各府省連絡会議と名称を変更して、次官中心の会議を事実上復活させた。その際に菅が挙げた理由は、「省庁には膨大な仕事があり、政務三役だけではすべてをやろうと思ってもオーバーフローする」という実務的なものだった。「政と官は車の両輪」とよく言われるように、政治主導の掛け声の下、政治家が官僚のお株を奪ってすべてを仕切ろうとしてもうまくいくはずがない。結局、排除された官僚の反発が政権の迷走につながった反省から、次の野田佳彦首相が一一年九月に各府省連絡会議の金曜日定例化に踏み切った。

その後、第二次安倍晋三政権で「次官連絡会議」と、さらに看板を掛け替えた。野党と与党とそれぞれの政権がメンツにこだわった結果ともいえるが、衣替えした次官連絡会議は、以前のような法案・政令決定の場から次官同士の雑談の場に変質したとの声も聞かれるが、事務次官会議は慣例上の制度として今も続いている。

古川貞二郎元内閣官房副長官の見解

いずれにせよ、餅は餅屋というべきか、政と官にはそれぞれ役割分担があるということだ。筆者自身、明治以来漫然と続いてきた次官制度の見直しは必須だと考えているが、廃止までは行きすぎと思っている。民主党の廃止決定は失策であり、この党を母体とする立憲民主党が支持率の低迷にあえぐ一因として、官僚を敵と見る姿勢がいまだ尾を引いているように見える。

次官会議の廃止を振り返り、古川貞二郎元内閣官房副長官（故人）は、二〇一九年五月十一日付の『朝日新聞』オピニオン欄で、次のような見解を述べている。古川は厚生事務次官を経て、村山から小泉まで五つの内閣で官房副長官を務め、在任期間は歴代二位の八年七ヶ月に及んだ。

「官僚は行政の専門家集団として政策の選択肢を示し、政治の決定を受けて誠実に執行する。政と官は本来、車の両輪であり、役割分担の関係にあるのに、鳩山、菅内閣で行われたのは官の排除でした。「政」と「官」がうまく連携できなければ政治が前に進むことが難しいのは自明です。官を使いこなせばよかったのです。

また、民主党政権は明治以来、120年にわたって機能してきた事務次官会議を「諸悪の根源」とみて廃止するという間違いをしました。司会進行を官僚の官房副長官に任せるのではなく、政治家である官房長官が出席して会議を主宰すれば、全省庁を掌握する政治主導の格好のツールになったはずです。惜しいことをしました」

古川の主張はある意味正論であり、財務事務次官を経験した有力ＯＢの一人は、この見方を敷衍してこう語った。

「彼ら（民主党）は、閣議以前に次官会議で法案や政令のすべてが官僚によって決められている、と強硬に主張した。法案などには提出すべきデッドラインがあり、どこかで決めなければならないが、その過程で政治の意向は十分に反映されている。それなのに、官僚がすべてを決めているかのように考えるのは思い違いもはなはだしいし、政治家はもっと官僚を使いこなす努力が必要だと感じましたね」

仙谷由人元行政刷新相の次官廃止論

政権交代で週二回の事務次官会議は真っ先に廃止されたが、民主党が改革のメスを入れようとしたのはそれだけではなかった。キャリア官僚制度の頂点に位する、事務次官ポストそのものまで廃止しようと狙いを定めたのだ。坊主憎けりゃ袈裟《けさ》まで憎いといった民主党の脱官僚宣言の一環であり、公務員制度改革を担う仙谷由人行政刷新相（故人）によって花火が打ち上げられた。

次官ポスト廃止はマニフェストに明記されたわけではないが、行政刷新会議の事業仕分け議論が過熱する中で突如として浮上した。鳩山政権が掲げる「政治主導」を具体的な成果でアピールする狙いから、次官会議からさらに一歩進めて、各省官制施行で同時期に誕生した次官制度にもメスを入れようとしたのである。

民主党の公約というわけではなく、仙谷個人の思いに依るところが大きかったものの、その頃、マスコミなどで本人が語った廃止の理由は、以下の三点に要約することができた。

一、大臣を「社長」に喩えると、副大臣、政務官は「重役」に相当する。だが、現状はその下に位置する事務次官が、官僚たちにとって「社長」の役割を演じている。法律上、次官は「大臣を助け、（各部局の）事務を監督する」と規定され、省内全般を統括する権限があるように読めるが、政治主導を確立するためには、次官が持つ社長のような権限を排除するしかない。

二、具体的には、次官が行っている事務の統括を、次官ポストを廃止して新たに創設する「事務系副大臣」が担うことを検討している。官僚のトップをこの事務系副大臣に位置づけ、政治家が自由に任命、罷免《ひめん》できる特別職とする。内閣官房副長官に官僚出身の事務系がいるように、各省にも次官ポストを格下げして筆頭局長のような扱いにした事務系副大臣がいてもおかしくない。

三、次官が決まると同期入省者が原則として退官し、公益法人など関連団体に天下りする慣行が続いている。毎年ほぼ一人の次官を生み出すために同期を間引いていく人事のあり方は、天下りという観点からも見直していく必要がある。

仙谷が廃止理由の第一に挙げた事務次官＝社長論は、表面的な組織のあり方から見ても頷けるものがある。各府省に大臣、副大臣、政務官らの政務三役が厳然と存在するなか、次官の役割とはいったい何なのかという素朴な疑問である。

再び国家行政組織法に戻ると、次官の役割を「大臣を助け、（各部局を）監督する」と定義しているが、大臣を助ける筆頭は副大臣であり、政治主導の下で業務を監督するのは政務三役のはずではないか。一説に「次官は省内の総合調整を担う」との指摘もあるが、本来選良である政治家に対し、選択肢の提供者である官僚が総合調整を意のままに進めれば本末転倒のそしりを免れない。

しかも、ほぼ毎年のように順送りで次官の顔が替わるのは、原則同期から一人の次官人事を惰性のように繰り返しているだけではないかとの批判がある。官界と民間企業を単純に比較するのはためらわれるが、企業の幹部からは「毎年のように社長が交代する会社が、グローバルな市場で存続できるだろうか」と、半ば冗談のような疑問を呈されたことがある。

民主党の行政改革の教訓

民主党政権が誕生する一年半前、仙谷にインタビューしたことがある。次期日本銀行総裁に財務省出身の武藤敏郎副総裁がそのまま昇格するのか、国会での同意人事が耳目を集めていた時期で、仙谷は野党である民主党の同意小委員会の委員長という重責を担っていた。結果、野党の反対多数で武藤総裁昇格の同意が得られず、幻の日銀総裁と終わった劇的な出来事を記憶している読者もいるだろう。

この時点で事務次官ポスト廃止の議論は表面化していなかったため、質問の矛先は日銀総裁人事に集中したものの、仙谷の疑問は同意人事以前になぜ、財務事務次官が次々と日銀総裁に就くのかという点にあった。財務省は武藤総裁が否決されると、すぐさま入省年次で二年先輩の田波耕治元次官を総裁候補に推したが、その間髪を入れぬ機先を制する対応に、仙谷は口を極めるように批判の声を高めた。

「明治維新を経て日本のキャリア官僚制度が生まれたわけだけど、キャリアを絶対視する官僚システムの異様さが、今度の日銀総裁人事にはっきりと表れましたね。それを一言で言えば、年次絶対主義。人事案をつくる財務省当局として、武藤さんが受け入れられなければ、彼より年次が下の次官経験者を持ってくると、次の機会に武藤さんの可能性がゼロになるから、二年先輩の田波さんというカードを切ってきたわけ。そんな応急措置で武藤さんの次のチャンスをうかがうという、この知恵というか、悪だくみというのはキャリア制度に染みついた悪弊としか言いようがない」

この時の日銀総裁同意人事は、結局、武藤、田波の二人とも否決され、日銀プロパーの白川方明《まさあき》元理事が総裁のポストに就任した。結果として財務省は、二連敗を喫したわけだが、「何かおかしいと感じながらも、組織になるとそういう選択肢を取らざるをえないのは、この国が（キャリア官僚制度という）体制に毒されている証拠だね」と、仙谷は独り言のように総括した。

今日から振り返ると、民主党の行政改革は事務次官会議を廃止に追い込んだものの、一年半余で復活を余儀なくされた。次官ポストの廃止も、政務三役との整合性が一時議論になりながら、いつか線香花火の如く消えていった。

そう書くと何も改革の実を上げられなかったように聞こえるが、一つだけ実現したものがある。次官は毎週定例の記者会見を開いていたが、民主党政権で廃止が決まった後、今も復活されていない。「政務三役を差し置いて、なぜ次官が府省を代表して会見するのか」という批判が根底にあり、この点は自民・公明両党による連立政権になっても変わることがなかった。

こうした一連の政官の攻防が残した教訓があるとすれば、事務レベルのトップにある事務次官の役割とは何か、が問われ続けているからではないか。次官の役割のみならず、負うべき責任は何か、それらを定義し直すことが今日求められている大きな課題と言っていい。と同時に、明治期の各省官制以来のくびきを離れ、次官の年次絶対主義も見直す時期に来ているのは誰の目にも明らかではないか。

3章

社長と次官

「組織の長」を比較する

ウェーバーは組織の長をどう見たか

2章で触れたように、次官廃止論を唱えた仙谷由人は、事務次官があたかも「社長」の役割を演じていることに批判的だった。そこで本章では仙石の問題意識に乗っかって、民間企業のトップである社長の役割と比較し、事務次官の真の役割に迫ってみることにしよう。

「事務次官と社長の本質的な違いとはいったい何なのか」——恐らく明確な答えを導き出すのは困難だと思うが、筆者の一考察として論を展開してみたいと思う。両者に単純明快な共通項があるとすれば、「組織を束ねる最高位の人物」ということになろうが、実際の権限、立場、役割にはそれぞれ違いがあり、それらをひとくくりにして相違点を浮かび上がらせるのは至難の業と覚悟しつつの挑戦ではある……。

そんな問題提起で話を始めながら、いきなり水を差すような話題を持ち出すのをご容赦願いたい。これは筆者が取材で得た聞きかじりの知識にすぎないのだが、『プロテスタンティズムの倫理と資本主義の精神』などの著作で知られるドイツの社会学者、マックス・ウェーバーが、官僚制における「組織の長とは何か」に関して見解を示したことがあるという話を耳にした。その見解を文字にすると、「官僚組織における長の存在は明確にされておらず、いまだ謎のままである」というものだ。これだけの一報では、どんな著作に記述されたものか、あるいは講演などで語ったものか、原典に当たりようもなく、長い間それ以上の追求もせずに棚上げした状態にあった。今回、事務次官に焦点を合わせた企画に挑戦するにあたり、『マックス・ウェーバー』（中公新書）を著した野口雅弘成蹊大学教授に問い合わせる機会を得、事実関係を確認させてもらった。

結論から言うと、「組織の長は謎」と結論づけた文献などは存在しないのではないかという回答だった。ただ、「彼が書いたすべてを把握しているわけではないので、正確には私が知っている範囲では「ない」ということ」と前置きして、野口は別の角度からこの指摘と関連を持つ可能性のあるウェーバーの記述を二点挙げた。

①「長」が誰でも、マシーンは動く

ウェーバーの官僚制論はマシーン・モデルなので、しっかりと組織ができ上がると、「長」の意味はかなり微妙なものになる。一例として、戦争である地域が敵に占領され、幹部がすべて取り替えられても、行政はそのまま業務を継続していくといった含意で説明した。

②カリスマの非合理性

こうした官僚制的な組織に「非合理的なもの」を持ち込む存在を、ウェーバーは「カリスマ」という概念で議論している。カリスマはそもそも（組織の合理性からすると）非合理なので、そういう存在を指して「謎」という言い方ができなくはない。

あくまでウェーバーの膨大な論述からそれと思われる部分をピックアップしたものなので、受け止め方によっては別の解釈が生まれるかもしれない。官における組織の長・次官のみならず、民間の社長についても、ウェーバーは「謎の存在」と捉えていたとする見方もあり、文献による実証は難しいものの興味深い話ではある。

武藤敏郎元財務次官が語る次官論

では、今日の官僚が次官と社長という存在をどう見ているのか、率直な感想を聞きたいと思った。それにふさわしい人物と言えば、武藤敏郎元東京五輪・パラリンピック組織委員会事務総長以外にいない。武藤は、大蔵省から財務省に切り替わる二〇〇一年前後、両省の事務次官を二年半以上務めた。九〇年代後半の大蔵省不祥事では人事の要の官房長の立場で、一一二人にのぼる職員の大量処分に踏み切り、結果として自身も官房長から総務審議官への降格を余儀なくされた苦い経験を持つ、波瀾に富んだ役人人生を歩んできた。

それゆえに次官の役割についても、抑制的な見解が返ってくるのではないかと予想しながら、「次官と社長との違いは何か」と単刀直入に尋ねてみた。

「一口で説明するのは難しいけれど、会社の社長は経営全体を掌握する要の存在として、あらゆる部門にわたって口を出すことができる。それに対し、次官は官僚組織のトップではあるものの、すべての部局に首を突っ込んであれこれ口を出せる立場にはないということかな」

それでは、次官が口を出せるケースがあるとすれば、どのような事例が考えられるのか。

「わかりやすい例を挙げれば、例えば主計局と主税局がもめて利益相反の状態になった場合。歳出削減か増税か、議論が膠着《こうちゃく》状態に陥った時、大臣とは別に事務的な判断をする人がいないと組織が回らない危険があり、最終的な裁きをつける次官が存在するわけだ」と話し、「次官というのは、組織における潤滑油のようなものかもしれない」と付け加えた。だから、「会社の社長のようにすべてを引っ張っていく存在ではないので、仮に機能しない次官がいても、一年間持ってしまうこともあり得るのではないか」と、調整機能を主体とする事務次官の位置づけを説明した。

コーポレート・ガバナンスの奔流

経済界で「コーポレート・ガバナンス」の掛け声がかまびすしく叫ばれ始めた頃、財務省幹部とこんな冗談交じりの会話を交わしたことがある。

「財務省に限らず、霞が関にもコーポレート・ガバナンスはあるんですかね?」

「えッ……」

一瞬、虚を衝かれた表情を見せた幹部だったが、しばし思いを巡らすように視線をあちこちに泳がせた。もともと金融部門の担当が長かった人だけに、それなりの土地勘があったのだろう、考えがまとまるや、すらすらと答えを吐き出した。

「正解かどうかわからないけど、うちにコーポレート・ガバナンスがあるとすれば、こんな感じかな。国民が株主、社外取締役会が政治、そして執行役員会が財務省……」

ここでは執行役員会の例に財務省を挙げたが、当然、霞が関全体で見ればこの部分に各府省が当てはまる。幹部の回答を耳にした刹那、当たっているような、そうでないような疑心暗鬼にとらわれたが、彼の指摘は官と民の組織の在り方について、何か大きなヒントを示唆しているように感じられた。

「コーポレート・ガバナンス」――企業がステークホルダー(利害関係者)のチェックによ

って運営され、統制されるシステムを指す。ステークホルダーには、株主をはじめ、顧客、従業員、取引先、地域社会などが含まれる。日本語では「企業統治」と訳す。

　こうした考え方が生まれたのは、企業の業績悪化や不祥事の対応策として、アメリカやイギリスで八〇年代以降、企業統治の在り方を改革しようという機運が盛り上がったのがきっかけだった。日本でも〇六年の会社法施行を機に、内部統制システムを整備する方針が決まり、欧米と歩調を合わせるようにこの分野の改革が進んできた。

　最近は、株主第一主義を見直す傾向が強まり、地球温暖化対策や人権の尊重、人材の多様化といった、広義の投資家の目を意識した幅広いテーマにも取り組む姿勢を強める。実際、二一年にまとめられた上場企業の行動指針となる「コーポレートガバナンス・コード（企業統治指針）」にはこれらの要素が盛り込まれ、「サステナビリティ（持続可能な）経営」に取り組んで収益に結びつけるよう促す声が高まった。

　年々、企業経営を監視する外部の目は厳しさを増し、品質や検査をめぐる不正が繰り返された三菱電機、システム障害が相次いだみずほ銀行、会社分割案で迷走した東芝……など、市場で指弾を浴びる会社は後を絶たない。それだけ社会の公器としての企業統治に課せられる使命は重くなる一方だが、そうした奔流のような流れに対し、民間だけにとどまらず官界も決して無縁でいられるとは思えない。

官の組織統治

官界と民間企業では、目標とすべき対象が国益か営利かという決定的な違いがあり、ガバナンス体制を単純に比較するのは牽強付会《けんきょうふかい》のそしりを免れないだろう。だが、広義の日本丸を支え、さらなる発展をめざす上で両者の使命感には違いがないはずだ。近年不祥事続きの官界に襟を正してもらうため、あえてコーポレート・ガバナンスを「企業統治」から「組織統治」へと枠を広げ、官の組織統治指針に踏み込んでみたいと思う。

まずは、財務省幹部が最初に掲げた「国民が株主」の指摘から見ていく。戦後定められた日本国憲法が公務員の役割を「全体の奉仕者」と規定したように、官僚にとって国民が株主であることはどこからも異論が出ないはずだ。官に期待される最大の使命が「国益の最大化」である以上、国民を脇に置いて国益を追求できるわけがない。

話は少し横道にそれるが、二〇二一年、経済産業省のキャリア官僚二人が新型コロナの持続化給付金を詐取したとして逮捕された事件は、驚きを通り越して開いた口が塞がらなかった。二人は共謀して収入が減った中小企業を装い、給付金約五五〇万円を騙し取ったというのだ。

給付金制度を構築する官僚の側が、その仕組みを悪用して詐欺を働いていたのでは、国民は誰を信用していいかわからなくなる。あれだけの不祥事を起こせば、大臣や事務次官にも責任が及び辞任に追い込まれるのではと予想したが、そこまでの処分は下されないまま事件を素通りしていった。「不祥事続き」の官僚に対して、「国民の見る目」にはいやが上にも厳しさが加わったのは想像に難くない。

株主についてさらに言及すれば、民間企業にはもの言う株主（アクティビスト）の台頭が著しい。この存在が官にとって何を意味するか、検証してみる必要がありそうだ。

政治＝社外取締役？

次に「社外取締役会が政治」の見方に移ろう。

日本企業における社外取締役の存在については、少し説明がいる。例のコーポレートガバナンス・コードには、会社と利害関係のない独立社外取締役を三分の一以上とする条項が盛り込まれている。二二年四月に東証一部を引き継いで発足した「プライム市場」の上場会社に、この指針が適用されたのは言うまでもない。

社外取締役がトップを選ぶ「指名委員会」や、トップらの報酬を決める「報酬委員会」の設置も進んでいる。コード導入当初は、社外取締役が〝お飾り〟になっている例も少なくなかったが、今や取締役に多様性を求める観点から海外投資家の目も厳しく、おざなりの社外取締役会で、持続可能な企業経営を維持していくのは困難な時代に入ったのは確かだ。

そこで、「社外取締役会が政治」という論点である。今日、ますます機能が強化されつつある社外取締役会の存在意義を素直に受け止めると、役所にとっての社外取締役会が政治に相当するという見解は、あながち当たらずとも遠からずの指摘と言っていい。ただし、社外取締役会の権限がどこまで及ぶのか、その強弱によっても見解を異にする意見があって然るべきであろう。

近年、官僚主導から政治主導あるいは官邸主導への流れがますます加速しているように見える。選良としての政治家を前提にすれば、官僚が政治に対する選択肢の提供者であることは自明の理であり、政治が主、官僚が従である構図はいつの時代も変わらぬ普遍の真理である。一九九〇年代後半、霞が関を揺るがした大蔵省不祥事を境に、それ以前の行きすぎた官僚主導から、それ以後の政治主導の流れが強まりつつある今日、社外取締役会を政治に見立てるのにとりあえずの賛意を示しておくことにする。

そして、最後の「執行役員会が財務省」は、当たり前のことを言っているにすぎない。例えば予算一つ取っても、主計局が編成した予算案を国会（政治）が審議して成立させ、実際の執行は財務省が担うという点で、官僚と政治の役割分担は明確になされている。執行役員会と聞くと違和感を持つ向きもあると思うが、執行責任者と考えればすとんと胸に落ちるのではないか。

官の側もガバナンスを検討せよ

ここまで書いてきて明らかなように、財務省幹部の指摘のうち、今後も明快な解がないまま尾を引くのは「社外取締役会が政治」と見立てた点ではないか。世界的な趨勢《すうせい》として社外取締役会の権限が一層強化される傾向にあるなか、官僚に対する政治の立場もおのずと強まっていくに違いない。それこそが、官僚主導から政治主導への帰らざる河の流れであるとするなら、官の側も自らのコーポレート・ガバナンスならぬ組織統治の方向性を真剣に検討すべき時期に来ている。

先に社外取締役との関連で、トップを選ぶ「指名委員会」や、トップらの報酬を決める「報酬委員会」の設置が進んでいる事実を紹介した。ここでも牽強付会のそしりを承知の上で、これらの委員会が官僚の側から見てどんな意味を持つのか検証してみたい。

前者の指名委員会は、言わずもがな一四年五月に創設された内閣人事局を指すのは誰の目にも明らかであろう。各府省の幹部（審議官級以上六〇〇人が対象）人事を、最終的に総理大臣、官房長官、担当大臣の三者協議により決定する仕組みは、政治主導で霞が関人事を進める一環として制度設計されたものだ。その運用方法をめぐって政官の間に軋轢が生じているのは確かであり、今後どのような見直しが可能なのか、海外事例を交えて5章で詳しく論じるので参照してもらいたい。

報酬の官民格差が招くデメリット

この際、問題提起しておきたいのは、先述の報酬委員会についてである。

欧米企業と比べて日本企業の社長の報酬が一桁、あるいはそれ以上に少ないことがよく比較対照される。ソフトバンクグループの孫正義会長兼社長が年収何十億円の経営幹部をヘッドハントする人事がよく話題になるが、海外から優秀な経営者を招こうとすれば、それ相応の報酬額を奮発しなければ受けてもらえるはずがない。

そうした彼我の差の解消も含め、報酬委員会に求められる役割は重大だが、ここで議論を呼び起こしたいのは、日本と海外との報酬格差が、日本の官民の報酬格差と相似形になっている事実である。官僚の給与水準には国民の厳しい監視の目が注がれているが、民間企業との格差が大きすぎては、官民交流が絵に描いた餅に終わるだけでなく、減少傾向にある官僚志望者がますます民間への就職に傾くのは避けられない。

官の報酬は人事院の専管事項であり、毎年、人事院勧告に基づいて報酬が決められる。そうした毎年の報酬改定にとどまらず、人事院には官民格差の是正など根本的な課題にもメスを入れてもらいたい（人事院については6章で詳述する）。

次官の生涯年収

キャリア官僚の出世レースの最終目標は事務次官であり、最近は例外があるものの、同期から一人がなれるかどうかの狭き門であることに変わりはない。いざ同期との熾烈な出世競争を勝ち抜き、次官の椅子に辿り着いた暁には、いくらぐらいの報酬が約束されているのだろう。

内閣人事局の「国家公務員の給与」（二〇一八年版）によると、次官のモデル年収は一七年度で二三二七万四〇〇〇円。各府省の次官に次ぐ局長のそれは一七七二万八〇〇〇円であった。

これを、民間企業の役員の年収と比較するとどうなるか。デロイト トーマツ コンサルティングの一七年の調査によれば、東京証券取引所一部上場企業三三四社の社長報酬の中央値は、五四三五万二〇〇〇円で、事務次官の二・三倍にのぼる。取締役・執行役員が二〇四二万三〇〇〇円でほぼ次官と並び、同じ取締役でも専務、常務クラスは次官より多い報酬を得ているのが現状である。

官界トップの次官が社長の半分以下の年収と聞くと、「まさか」と思わず驚きの声を上げる読者も多いと思う。日本人の精神性の根底にある〝官尊民卑〟の考えとは相反する現実だが、もちろん役所の年収だけを比べても木を見て森を見ずの結果に陥りかねない。

役人は次官や局長で退官した後、公的機関や民間に天下りして高給を得る道が約束されていたからだ。天下りが官僚人生の一部に組み込まれ、生涯年収として帳尻が合う仕組みが用意されていたのである。だが、その天下り先も年々先細るばかりで、以前のように安泰な老後が保証されるわけではなくなってきた。

「渡り」――文字通り、天下り先を渡り歩きながらそのつど給与に加えて退職金を受け取り、退官後の優雅な生活を送れる保証が入省時から担保されていた。新人のキャリアにとって三十数年後の天下りは、遠い世界の出来事と映ったはずだが、スタート時点から確固として人生設計が描かれているかどうかで、若手時代の過酷な労働環境にも耐え忍ぼうとする心構えが生まれたとしても不思議ではない。

こう書くと、天下りを奨励していると受け取られそうだが、そんなつもりは毛頭ない。ただ、天下り先が目に見えて先細る昨今の状況を見るにつけ、退官後の第二の人生に不安を抱く学生が、志望先を国家公務員から民間企業に方針転換する例は少なくないはずだ。総合職志望者の激減が単にブラック職場によってのみ起きているわけではなく、官民の報酬格差や退官後の一定の収入保証も影響しているのは想像に難くない。この点は次の4章で考察を深めたい。

業績評価を導入せよ

もちろん、天下り先を新たに確保して、彼らの不安を取り除けなどと言っているわけでは決してない。むしろ、先に次官の年収が社長の半分以下である事実を示したが、この点を何らかの形で是正できないかを考えている。それは、役人の給与水準を民間に近づけろと単純な主張を展開するつもりはなく、次官、局長……など肩書きによってすべて一律のモデル年収を根本から見直し、業績評価を通じて格差をつけてはどうかと言いたいのだ。
例えば、優秀な次官であれば四〇〇〇万円、評価が低い次官はモデル年収以下……など、横並びの報酬体系を根本的に改革して、努力次第で民間企業の社長に近い年収を可能にする。そうした道はオーストラリアの上級管理職制度によって開かれており、5章で詳述するのでそちらを参照されたい。
この官と民の年収格差について、岡本全勝元復興庁次官がエッセイ風の文章に綴っている。

「私は、40年前に公務員になりました。その際に、民間企業に比べ収入は少ないと聞いていましたが、これだけの差があるとは知りませんでした。かつて、母校の高校で後輩たちに、私の仕事をお話ししたことがあります。その際に、年収を話したら、後ろで聞いていたお母さんたち（私の同級生）が、余りの少なさに絶句して、同情してくれました。

（中略）

実務でも、問題が出ています。独立行政法人など役所の外郭団体です。民間人を登用するとの趣旨で、企業の幹部を採用する場合があります。ところが、年収2千万円くらいでは、大企業幹部は年収1億円～5千万円程度ですから来てくれません。よほどの「ボランティア精神」か「公共心」でもないと」（ブログ「岡本全勝のページ」より）

この年収格差問題の余波は、幹部クラスの官民交流が困難になっているだけでなく、「長時間労働とともに、学生が国家公務員を敬遠する一つの大きな理由になっているのではないか」と岡本は言う。

誰が、どのように次官を人事評価するのか

ところで事務次官の人事評価は誰が、どのように判定しているのだろう。次官経験者の一人にズバリ質したことがあるが、「さあ、どうだったかな。評価者が大臣だったのは確かだけど……」と話すと、それ以上の言及を避けた。何かを隠しているというより、そういえば、大臣から評価内容を伝えられた経験がなかった、という反応に近かった。

二〇〇七年に人事評価制度が導入されて以降、年二回の業績評価が定着している。そこで、官僚トップの次官の評価がどうなっているかだが、霞が関の人事に詳しい専門家の話を総合すると、制度上は次のような理屈が成り立つ。

まず、府省における評価者が大臣であるのは明らかで、その際、どのような指標で判定するのか。官僚の世界に次官より上位のポストがない以上、局長以下につけられる「A、B、C、D」の評価はあり得ない。究極は「○か×」の評価しかないが、大臣が次官に対して、「君は○」あるいは「君は×」の評価を直接伝えることは考えにくい。

仮に、大臣が胸の内で「この次官は×」の判定を下したとする。それが口頭で示されることが起こりにくいとすれば、大臣のそこはかとない言動から「不興を買った」と次官が感じる時は、自ら辞意を表明するしか道はないものの、そんな事例はいまだ耳にしたことがない。

要するに、不祥事の責任を取って辞める以外、次官が人事評価で降格されたり、減給されたりする仕組みがないのが日本の官僚制度である。ここにも、次官が競争原理に晒されることなく、絶対的存在として今なお君臨する現実がある。

官をチェックする機構を

次官と社長を同列で論じる、やや無謀な試みにこの辺で終止符を打つが、次官の業務や待遇に民間の社長並みと言わないまでも、もっと競争原理を導入する必要があるのではないか。

ウェーバーが指摘したとされる「謎の存在」から脱して、事務次官をもっと透明性の高いポストに位置づける時代の要請があるように思う。

そのためには、次官の究極の役割を現行の「調整機能」から、組織の長として全体をある目標に向かって引っ張る「統率機能」へと転換する時期に来ている。そこでは旧来型の「セレモニー屋」では通用しないリスクが伴うようになり、時の政権が明確な課題を与え、業績評価をより厳しくし、その結果が優れていれば高額の報酬で報いる――という好循環を生む競争原理の導入こそが一つの解になるのは明らかであろう。

現在、日本の中央官庁には一三人の事務次官がいる。「全体の奉仕者」であるはずの彼らが国民の視線を浴びる機会は、次官を拝命する人事の時か、不祥事で辞任を迫られる時か、二つに一つしかないのが実情だ。一三人の次官一人ひとりに重い使命を課し、それを達成する過程を厳しい目でチェックすれば、間違いなく霞が関の活性化は促進されるはずである。

コーポレート・ガバナンス（企業統治）の官僚版を説明する件《くだり》で、「国民が株主」と書いた。この指摘は言い得て妙で反論の余地はないが、一つだけ見落とされた部分がある。民間企業には業績に対する厳しい監視の目として株主総会があるが、官僚にはそれに相当するチェック機構がない点だ。

そこに、国民の投票によって選ばれる政治家と、国家公務員試験を一度パスすればほぼ一生安泰な生活を送れる官僚との決定的な違いがある。政治が官僚に対する社外取締役の役割を果たす中で、幹部公務員人事に政治家の影響力が強まっているが、事務方トップの次官の日常業務をチェックする、株主総会の役割を担う何らかの制度が今ほど求められている時はない。

4章

冬の時代

先細る天下り先、激減する志望者

1　失われる天下り先

絶対権力・大蔵省、最後の徒花

前章で確認したように、事務次官の年収は民間企業の社長に比べると物足りない数字ではあった。だが、報酬面から事務次官を語る時、現職時代の年収だけでは物事の一面しか見ておらず、生涯年収においては指定席の天下り先を渡り歩いて高収入を得ているのではないか――そうした批判的なイメージをお持ちの方もおられるだろう。

過去、大蔵次官を経験した後、最も華麗な天下り先を歩いた人物に森永貞一郎（三二年）がいる。中小企業金融公庫総裁－日本輸出入銀行総裁－東京証券取引所理事長－日本銀行総裁と、絵に描いたような華やかさであった。輸銀総裁を経て東証理事長あるいは日銀総裁のどちらかに就くOB人事は珍しくなかったが、両方を掌中にした人物は森永を措《お》いて他にない。

森永を頂点に、大蔵・財務の歴代次官たちは退職後も天下りの恩恵に浴してきた。なにしろ霞が関にあって、「官庁の中の官庁」と言えば旧大蔵省であり、全省庁の最上位に君臨する事務次官が大蔵次官であったのだから。それは、同期から一人の大蔵次官が生まれるだけでなく、他省庁を含めて何人もの次官が輩出したことからも頷ける。

余談になるが、官民を問わず、どんな組織にも有能な人材が群れを成す「花の○○年組」という年次が存在する。他省庁を睥睨《へいげい》する絶大な権力を握る時代の大蔵省で、その象徴的な年次が一九四三（昭和十八）年組と、六六（同四十一）年組であったことに異論を差しはさむ向きはないだろう。この二つの年次は、それぞれ同期から五人の次官が生まれた。

［四三年組］
髙木文雄　大蔵事務次官
橋口　収　国土事務次官
船後正道　環境事務次官
田代一正　防衛事務次官
新保実生　北海道開発事務次官

［六六年組］
武藤敏郎　大蔵・財務事務次官
岡田康彦　環境事務次官
久保田勇夫　国土事務次官
佐藤　謙　防衛事務次官
松川隆志　北海道開発事務次官

時代が演出した霞が関人事とはいえ、ここまでくると大蔵省による他省庁支配以外の何ものでもない。明治期に成立した各省官制以降、連綿と続いてきたキャリアという特権身分制度とともに、予算編成権を盾に絶対権力としての大蔵省を温存してきた日本的官僚制度の最後の徒花《あだばな》ともいえる。今や行政改革によって官庁が統廃合されたり、一強だった財務省の権力構造が弱体化したり、他府省での次官ポストを死守しているのは環境省くらいだったが、そこも二〇二二年の夏の定期異動で生え抜きに譲り渡してゼロになった。

先細る天下り先

こうした時代の趨勢を物語る構図は、官僚にとって退官後の人生設計を保証する天下りにも顕著に現れている。天下り先を転々と歩いてそのつど退職金を手にする〝渡り〟が厳しい批判を浴びたが、近年、その道は著しく狭められてきている。

財務省で言えば、日本輸出入銀行、日本開発銀行、国民金融公庫、海外経済協力基金の総裁など、事務次官経験者の指定席も風前の灯《ともしび》といった状態にある。行政改革でこれら政府系金融機関の民営化・統廃合が進んだのに加え、次官を押しのけてプロパー（生え抜き）がトップに就く人事が当然視されるようになったためだ。

四三年組、六六年組と並んで、「花の……」と呼んでいいのは七九（昭和五十四）年組で、前代未聞の同期から三人の次官を出した。木下康司《やすし》、香川俊介、田中一穂の三人だが、次官退官直後に壮絶な死を遂げた香川は天下りと無縁だったが、残る二人はどうだったか？

田中は国民金融公庫などを中心とした日本政策金融公庫総裁に就いた。田中の前任の細川興一も元財務次官で、二代続けて次官の天下りポストを確保した。第一次安倍晋三内閣で首相秘書官を務めた田中だが、異例の同期三人目の次官になれたのは安倍の強力な推薦があったためとも言われるし、政策金融公庫総裁就任も安倍政権の後ろ楯があっての人事と見る向きが多い。

そんな官邸主導の人事とは裏腹に、七九年組では本命中の本命次官だった木下は、日本開発銀行などを母体とする日本政策投資銀行に社長含みの副社長で天下りした。ところが、財務省ＯＢの厚遇を快く思わない官邸が待ったをかけ、生え抜きが社長に昇格する一方、木下は社長を素通りして代表権を持つ会長に収まった。

政府金融機関の中でも格が高かった輸出入銀行は、国際協力銀行に衣替えし、一時は渡辺博史元財務官（七二年）が総裁に就いたものの、以後は二二年の人事で財務省出身の林信光副総裁が総裁に就いて一矢報いたが、一時は民間金融機関出身者や生え抜きがトップに就いた。同期から五人の次官が輩出したり、政府系金融機関のトップを総なめにしてきた財務省全盛の時代も今は昔、「次官の指定席」といった常套句は過去のものになってしまっている。

キャリアを受け入れたSBIホールディングス

次官経験者がこんな体たらくである以上、次官以下のポストで退官を余儀なくされた人たちの天下り先は推して知るべしである。

ここ何年か年を追うように天下りのルートが目詰まりを起こし、人事担当の官房長・秘書課長が難渋するケースが相次いでいる。最近流行りの社外取締役などに活路を見出す事例が増えているが、そうした汲々とした現状を端的に示す天下りの受け皿が一時期話題になった。

金融持株会社のＳＢＩホールディングスがそれで、二〇二〇年前後、財務省からキャリアの天下り六人を抱えたことがある。北尾吉孝社長の思惑は推測するしかないが、業務に有効なアドバイスを求めてとはいえ、ここまで多数のキャリアを受け入れると、癒着を指摘される危険がないとはいえない。政府系金融機関ではなく一民間金融会社への天下りなので、個人名は伏せてＳＢＩでの肩書きだけを列記してみる。（なお、彼らの入省年次は七二年から八四年まで一二年間に及び、以下の肩書きは年次順）

社外取締役

ＳＢＩ大学院大学教授

子会社社長

ＳＢＩ大学院大学委託講師

専務取締役

地方銀行担当事務局長

あえて匿名の記述を選んだが、六人のうち二人はマスコミに取り上げられた経緯もあり、実名を明らかにしよう。

社外取締役を務めたのは五味廣文元金融庁長官（七二年）で、SBIが新生銀行を連結子会社化したのを契機に、同行の会長に就任した。新生銀行の前身は、九八年に経営破綻した旧日本長期信用銀行であり、子会社化の時点でも三五〇〇億円にのぼる公的資金の返済義務を負っていたため、その履行などが新会長に課せられる重要な柱になると推測された。

もう一人、大学院大学委託講師に就いたのが、民放女性記者へのセクハラ疑惑で辞任に追い込まれた福田淳一元次官（八二年）である。一種のハレンチ行為で職を辞しただけに、天下りは当面難しいのではと見られていたが、恐らく官房長・秘書課長の大臣官房ルートではなく、本人のツテを頼りにSBIへの再就職を決めたのであろう。ことに財務省関係者からは驚きの声が上がったが、辞めた理由が理由だけに、次官経験者という体面にこだわる余裕などなかったというのが現実だったのではないか。

中堅幹部のホンネ

ここまで見てきたように、財務省の天下り先の減少には隔世の感がある。理由はさまざま考えられるが、九〇年代後半の過剰接待・汚職事件に象徴される大蔵省不祥事が大きな影響を及ぼしているのは間違いない。結果、一一二人にのぼる大量処分を余儀なくされ、財政金融の分離を伴う大蔵省解体に追い込まれるなか、退官後の天下り先も目に見えて先細りの道を辿ってきたといっていい。

九〇年代半ば以降の入省者は、地盤沈下する一方の財務省を肌身に感じながら官僚生活を送ってきたと言えるが、ある中堅幹部に出世や天下りについてホンネを質してみた。まず、出世コースの最終目標が事務次官であり得るかどうか？

「いろいろな意味で、次官になってもこの程度かという思いはあります。三十数年の闘いの結果、昇り詰めた最後の頂上が事務次官ではあまりにも夢がない。官僚人生のすべてを賭けて獲得すべき対象にはならないですね、もはや次官は……」

あまりに直截な表現で次官という存在を否定されたので、過去の強大な権力を握っていた時代の次官を知る筆者は面喰うしかなかった。やや個人的な感情が出すぎていると感じながら、退官した後の天下りをどう考えているか、を尋ねた。

「初めに一言断っておきますが、将来の天下りを視野に入れて財務省を選んだわけではありません。年を重ねて子供の教育や住宅の確保が現実問題になると、天下り？　なんてひとごとのように言っていられなくなるのは確かです」と苦笑を交えながら、現状を見据えてこう語った。

「出世コースから外れたスタッフ職（後述）で残るか、どこかへ天下るか二つに一つしかありません。天下ると言っても、次官の再就職でさえあれほど先細りしているのですから、私たちにあてがわれるのは、民間金融機関の顧問とか、小規模な会社の社外取締役ぐらいしかないんじゃないですか。かつての大蔵省時代ならいざ知らず、現状ではまったく高望みはできませんし、その点、経産省などは多くの業界を抱えているから、彼らのほうが天下りは断然有利ですよ」

確かに、主計局（予算）、主税局（税金）という省内での超エリートコースはあるが、天下り先を抱えているかというと極めて限られる。本省から分離された金融庁は、民間金融機関を監督する立場にあるので受け皿にはなるものの、かつてのように頭取や重役での天下りは望み薄で、戦後間もない四九年から財務省の有力ＯＢの指定席だった横浜銀行頭取も今や生え抜きに代わっている。

大蔵省不祥事が残した負のスパイラルが、ますます天下りの道を狭めているのは明らかで、業種を問わず「顧問」の肩書きが得られれば御の字というホンネの声も聞かれる。不祥事のみならず、政府が導入した天下り規制が現状を一層厳しいものにしているのは容易に想像がつく。

二〇〇七年の国家公務員法改正で、現職職員による再就職の斡旋《あっせん》や仲介が禁止されたのをきっかけに、官房長・秘書課長の大臣官房ラインが表立って天下り先を紹介するのが御法度になった影響が大きい。このため、官僚は退官後、原則的に自力で再就職先を見つけなければならず、以前のようなトコロテン式の天下りは不可能になったのだ。

経産省の当世流天下り事情

ただ、「表立って」とか「原則的に」とか、奥歯にものの挟まったような書き方をしたのは、蛇の道は蛇ではないが、それなりの抜け道がないわけではないからだ。財務省の中堅幹部が、「業界を抱える経産省のほうが断然有利」と嘆いたように、引く手あまたと言わないまでも、経産省OBはより再就職先を見つけやすい環境にあるように見える。国家公務員法が改正された後、局長一歩手前の経産キャリアが語った「肩叩き」の一部始終を紹介しよう。

霞が関恒例の夏の人事異動を前にした六月半ば、官房長から呼び出しがかかった。入省同期の動静などから、本人は「あの話だな」と直感して部屋に赴くと、壊れたテープレコーダーを思わせるように機械的に話を始めた。

「今度の人事で退官してもらうが、君には二つの選択肢がある。一つは（ラインから外れた）スタッフ職として本省に残るか、民間企業に第二の就職先を探すか。まず、どちらを取るか決めてほしい」

ここで言う「スタッフ職」とは、例えば「中小企業庁○○研究官」など、調査研究を主な業務にした専門職を指す。定年まで役所のポストに居続けられる制度だ。本人は「スタッフで残るより、民間に出るほうがいい」と決めていたので、その旨を官房長に伝えると、こんな指示が返ってきた。

「君はこれから、何人かのOBのところに挨拶回りすると思うが、必ずXさんのところに行きなさい。いろいろアイデアを出してくれると思うので、Xさんへの挨拶だけは忘れないように……」

ほどなくしてX氏のオフィスを訪ね、雑談していると、「実は、こんな話があるんだが」と前置きして、いきなり本題に入った。

「間もなく自分の任期は切れるが、私の後釜としてこちらに来てもらえればと思っている。正式決定は九月下旬になるだろうが、この話はほぼ内定してると受け止めてもらっていい」

この会社は都内の中堅企業といったところだが、本人が以前役所で担当した化学系の会社で、多少の土地勘があった。X氏に「いろいろお世話になります」と笑顔で謝意を述べると、

「まあ、ここでひと踏んばりしてください」と励ましの声をかけられた。ここまでの一連の流れが、再就職の斡旋や仲介が禁止された後の天下りのセレモニーといえるものだ。

現職職員が直接、再就職活動に介入しているわけではないが、ＯＢを斡旋や仲介に絡ませた巧妙な天下りは今も続いている。中国の統治機構を揶揄する「上に政策あれば下に対策あり」を地で行くように、天下りも形を変えて官界にどっかりと根を下ろしているが、かつてのように政府系金融機関はいざ知らず、公益法人や社団法人などの受け皿が年々失われてきているのは言わずもがなだろう。

かつて若い課長補佐を相手に事務次官とは何か、率直な意見を聞いて回った時、天下りについても彼らの本意を質してみたことがある。まだ三十代前半の若い時代だっただけに、一人の例外もなく「将来の天下りを期待して仕事をしている人なんていませんよ」と、半ば怒りの表情で答えていたのを思い出す。

とはいえ、失われる天下りの実態を見るにつけ、現役の官僚たちやこれから官界をめざす人たちにとって、そこに明るい将来が開けていると映ることはまずない。天下りを奨励するつもりは毛頭ないが、こうした現実も官僚志望へのインセンティブを低下させ、外資系やコンサルタント会社を選ぶ学生の増加につながっているのは明らかだ。

2　ブラック職場の黄昏

激減するキャリア志望者

官僚の威信低下は、志願者数の減少として表れている。国家公務員試験の総合職（キャリア官僚）志望者が過去最少を毎年更新しているのだ。

二〇二二年度の申込者数は一万五三三〇人と、前年度と比べて七％程度増えたものの、総合職試験を導入した一二年度以降二番目に少なかった。

「キャリア」と呼ばれる幹部候補生向けの国家公務員試験は、戦後、甲種→I種→総合職と変遷を辿ってきた。いずれも超特急で出世するエリートの採用に変わりはなく、公務員人気は根強いものがあったが、近年は減少傾向に歯止めがかからず、今や四万五〇〇〇人を超えた九六年度の三分の一程度だ。

その背景には、九〇年代半ば以降の相次ぐ官僚不祥事、省益重視による縦割り行政の弊害、国会業務対応（国会待機とも言う）をはじめとするブラック職場の現状……など、いくつもの要因が挙げられる。①自己実現可能な魅力ある仕事に就きたい、②仕事と家庭の両立が難しい、③民間と比べて収入が少ない――といった率直な回答が寄せられるのが常だ。

いや、もっとシビアな調査結果もあった。厚生労働省の改革若手チームがまとめた、緊急提言（一九年八月）のような生々しい訴えが話題になった。

「厚生労働省に入省して、生きながら人生の墓場に入ったとずっと思っている」

（大臣官房、係長級職員）

「家族を犠牲にすれば、仕事はできる」

（社会・援護局、補佐級職員）

「残業することが美学（中略）という認識があり、定時に帰りづらい」

（労働基準局、係員）

言うまでもなく、厚労省は旧厚生省と旧労働省を統合して生まれた組織だ。職員の労働環境の整備に最も精通しているはずの官庁、しかも労働時間の管理を主な業務にする労働基準局の一職員が、「残業することが美学」という日本人の精神性を打ち破れないところに官僚としてのジレンマが表れている。

それにしても、なぜ、ここまでキャリア志望者が激減し、キャリアの仕事が不人気になったのか。先述したいくつかの理由のうち、近年とみに若手を悩ませているのが、国会待機をはじめとするブラック職場の実態が一向に改善されない点にあるのは明らか。官僚の長時間労働の元凶として、長年指摘され続けてきたものの、本格的な見直しに結びついていないのが現状である。

ブラック職場の実態

入省七、八年の若手官僚数人に、国会待機の実情を質したことがある。以下は、彼ら、あるいは彼女らが赤裸々に語った話を折衷したものだ。

国会待機が何を意味するか。その説明から始めよう。政治主導を明確にするため、九九年から官僚が政府委員として答弁する制度が廃止され、原則、閣僚らが答弁する仕組みに変わった。閣僚答弁は政府の方針と同一視され、議事録にも残るので正確を期す必要がある。国会中継の予算委員会などで、閣僚がペーパーを見ながら官僚が用意した答弁書をひたすら読み上げるシーンをよく目にする。

国会待機は、質問取りから始まる。国会で質問する議員に、官僚がその趣旨や内容を前もって聴き取る作業で、いかに正確、詳細に把握できるかが問われる。野党の議員の中には、なかなか手の内を明かさない人物も多く、何度も議員会館に通ってやっと質問取りを終えたというケースもある。

そして、官僚の仕事はここから本格化する。質問が出揃い、省内放送で「待機解除」がアナウンスされると、おもむろに閣僚のための答弁書作成がスタートするのだ。答弁内容は省内の関係部局のみならず、他省庁との擦り合わせを経なければならないものが多く、その調整作業に予想以上の時間がかかり、夜通しの作業になるのも珍しくない。

どうにかこうにか答弁書づくりを終えても、「大臣レク」と呼ばれる作業が残っている。実際に国会で答弁に立つ閣僚に対し、その内容を理解してもらうためのレクをしなければならず、その対象は大臣だけでなく、副大臣、政務官らに及ぶこともある。大臣レクは通常、午前七時頃から行われるため、それまでの時間を役所に泊まり込んで潰す人、急ぎ自宅に帰ってとんぼ返りで役所に戻る人など、いくつかのパターンに分かれる。

例えば、午前四時に作業を終え、タクシーで四〇～五〇分ほどかけて自宅へ。シャワーを浴び、しばしソファでうとうとまどろみ、目覚まし時計に起こされて早朝の電車に飛び乗り役所に舞い戻る。

大臣レクと一言で言うが、レクの相手である大臣の理解力によっては手を替え品を替え説明しなければならない。近年、しどろもどろの答弁で国会を混乱させる閣僚が見受けられるが、理解度の低い人物だとレクに必要以上の時間がかかることがある。

通常国会の会期中は連日のように予算委員会が開かれ、こうした国会待機の日々がとめどなく続く。ある女性のキャリア官僚は、「省内の売店でワイシャツやネクタイも売っているので、男性は椅子を並べて仮眠した後、新しい下着に着替えて新しい一日を迎えることができます。でも、女性は役所で一泊するわけにもいかず、着替えなどで一旦自宅に戻りとんぼ返りせざるをえませんが、家での滞在時間四五分、そのうち睡眠が一五分というのも珍しくありません」と、ブラック職場の実情を話した。

「デジタル化が急速に進む時代に、なぜ、こんなアナログなやり方が続いているのか非常に疑問です。最大のネックは、すべて「紙」をベースにやり取りが進められるからで、答弁書のペーパーレス化を図れば無駄な作業は激減すると思う。ホームページを見れば載っているような資料を要求され、紙にプリントアウトして議員会館まで届けるという、もう、そんなアナログな作業は止めるべき時期に来ています」

若手の退職者激増

国会待機が端的に物語るブラックな働き方を敬遠して、とくに若手の間に官僚離れが顕著に表れている。前述した国家公務員志望者の長期低落傾向は言うに及ばず、若手キャリアの離職も右肩上がりで増加中だ。

自己都合を理由に退職した二十代のキャリア官僚は、一九年度に八六人を数えた。例年、キャリアの採用は八〇〇人程度なので、一割強の若手が霞が関を去った勘定だ。ここ数年の退職者を見ても、一四年度三一人、一五年度三四人、一六年度四一人、一七年度三八人、一八年度六四人と、一八年度以降は加速度を増したような激増ぶりである。

一言で「ブラック職場」と書いたが、それは国会待機による長時間労働だけが問題なのではない。安倍・菅政権時代に著しかった官邸主導の政策決定や、官僚を引っ張り出して吊し上げのように問題点を追及する野党合同ヒアリングなども、政に対する官の不満が蓄積するブラックな働き方の一因になっている。若手官僚の中からは、「議論を尽くして案件を官邸に上げると、問答無用にNOという返事が返ってくることがある。理由がよくわからないままNGを出され、それが何度も続くと、何のために役人をやっているか自分が虚しくなる。官邸主導の流れを否定するつもりはないが、あまりにバッサリやられるうちにモチベーションを保つのが難しくなるのは確かです」と、愚痴めいた嘆きの声が出た。

志望者の激減、若手キャリアの退職者激増――二つの事象が同時進行し、日本の官僚システムの土台をむしばんでいる。すでに日本の官界が負のスパイラルに入っているのは明らかで、将来を背負って立つ人材の獲得・育成を急がなければ、官の劣化を食い止めるのは不可能になるだろう。

外資、コンサル、起業にできて、官にできないもの

官僚の世界は、東大法学部卒の牙城と言われて久しい。戦前の高等文官試験（高文）の時代には、東大（東京帝大を含む）出身者が全体の六割超を占め、圧倒的な勢力を誇っていた。

今も一般国民が抱くイメージは「キャリア＝東大」に近いものがあるはずだが、現在はどうなっているか。総合職の合格者のうち、東大出身者は一五年度に四五九人だったが、二〇年度は二四九人にまで減った。全体に占める割合は、二六・六％から一四・五％に下落した。

それにしても、東大卒、なかんずく最優秀の折り紙が付く東大法学部の卒業者は、どこを就職先に選んでいるのだろう。しばしばマスコミで報じられるように、外資系金融機関やコンサルタント会社などに会社人生の第一歩を踏み出す人が増えている。財務省秘書課で新人

採用を担当したことのある中堅幹部は、「財務省に入っても最初の一年はコピー取りが仕事ですよ。うち（外資系金融機関）に来れば一年間アメリカで研修できますし、ゆくゆくは金融のプロとして高給が保証されます、と誘われればそちらになびくのは当然でしょう」と、旧態依然とした官僚機構と一見華やかな外資との埋め難い落差を嘆いた。

外資系に加えて、弁護士や起業などを志望する学生も目に見えて増えてきた。官界、とりわけ財務省が憧れの就職先だった時代は過去の話になりつつあり、「東大法を中心に、勉強ができて、リーダーシップがある人間は確かにいる。そういった層はいつの時代もある程度いて、以前はその中から役人をめざす人が出たが、今はかなり少なくなっているように見える」と、現代学生気質と官界とが遊離してしまっている現状を示唆した。

根回しに長けていても……

それは、単に長時間労働をはじめとするブラック職場が問題なのではなく、政と官の関係の変化、とりわけ政治主導——官邸主導と言ってもいい——の流れが、大いに影響しているのではないか。本来、官僚は政治に対する選択肢の提供者であり、その立場は変わっていないものの、政治主導にさらなる拍車がかかるなか、選択肢の提供者の存在意義さえ失われつつあるように感じられる。官に求められる資質は〝根回し〟に限られ、「政治と行政のインターフェースを回す、この非合理極まりない世界にほとほと愛想が尽きた」と、若くして離職の道を選んだキャリアの一人は吐き捨てるように語っている。

いかに根回しに長じたとはいえ、政官関係の中だけの話であり、一旦官界を離れれば根回しの技術にほとんど市場価値はない。財務省主計局が長かった元幹部が「予算の査定が得意ですと言っても、民間企業で評価してくれるところはないね」と自嘲気味に語るのを聞いたことがあるが、一面の真理を突いている。「役人を長くやっても専門性が身につかない」という不満は若手の間に根強く、根回し中心にゼネラリストとして育てられる官の仕組みに、疑問を抱く人たちが増えているのは間違いない。

そんな官僚生活の繰り返しの末に、辿り着くべき最高位の事務次官ポストを、どんな思いで見ているのか。以前は、「いつの日か自分も……」と憧れの対象として捉えるポストだったが、最近は想像以上に冷めた目で見ているようだ。

「三十数年かけて得られる代償が、次官では寂しい限りですね。かつては華やかだった天下り先も、どんどん失われているし……」

そう語る若手の声に、次官をピラミッドの頂点に仰ぐ官僚機構そのものが、かつての輝きを取り戻す術があるのか、真に再検討すべき時期を迎えているのは明らかだ。話の中にたまたま「天下り」が出てきたが、若手にとっては先の先の話には違いないものの、天下り全盛時代のかつての指定席が、櫛の歯が欠けるように失われていく様を見ると、キャリア官僚への期待もしぼんでいくのは自然の理でもある。

3　若手・中堅官僚から見た幹部像

幹部は部下からどう見られているか

若手・中堅官僚の視点から、事務次官の姿を浮き彫りにする作業を続けてみたい。

霞が関の府省庁で事務次官に代表される幹部公務員が、部下からどのように見られているか、興味深い調査結果が公表されている。大阪大学大学院法学研究科の北村亘教授ら六人の学者で構成する官僚意識調査研究会がまとめたもので、この種の調査はほぼ二〇年ぶりに実施された。

二〇一九年秋に行われた調査は、財務、総務、経済産業、国土交通、厚生労働、文部科学の六省を対象とし、本省の課長級以上一四一二人に加え、課長補佐級についても中央調査社などのウェブページを通じて意見を聞いた。質問内容の四つの選択肢の中から答える方式で、二〇〇人余の対象者から回答が得られた。

質問総数は九四問と多岐にわたるが、本節のメインテーマである事務次官ら幹部が部下からどう見られているか、予想以上に厳しい見方をされている。「幹部には組織の将来像に関する明確なヴィジョンがある」とする質問に対し、四択の答えは以下のような結果になった。

強くそう思う　六人（三％）
そう思う　六六人（三二・五％）
そう思わない　一〇五人（五一・七％）
全くそう思わない　二六人（一二・八％）

前者の二つが肯定的、後者の二つが否定的と大別されるが、肯定派が七二人（三五・五％）、否定派が一三一人（六四・五％）の比率に分かれた。つまり回答者のほぼ三分の二が「幹部には組織の将来像に関する明確なヴィジョンがない」と冷ややかに答えており、幹部を見る部下の目には相当厳しいものがあると言わざるをえない。

部下から批判的に見られる要因

話をわかりやすくするため、ここで言う「幹部」を「事務次官」に置き換えて分析を進めることとし、調査で代表を務めた北村教授に解説してもらった。その前提として、北村は「次官に何を求めるかはいろいろあるが、次の二つの役割が重要」と断り、それらを挙げた。

一、政策助言者として政治家を支えるスタッフとしての役割

二、組織の管理者であるマネージャーとしての役割

初めに、政治家に対する政策助言者としては、近年、「政治主導」の名の下に大きく変化してきた現状を、北村は次のように説明した。

「省内に並列してある各局を統合する立場として、かつて次官の役割は極めて大きかった。ところが、政治主導の声が高まるにつれ、政務三役を中心に政治家が政策をまとめるようになる。本来、政策助言者のトップである次官も、そうした流れは受け入れざるを得ず、政治家の言う通り動こうという姿勢を強めているように見える。むしろ政策を語ると危ないと考え、省内で明確に自分の思いを伝えない可能性が強まり、そういうトップのあり方が下からは批判的に見られる傾向にあるということではないですか」

この北村の指摘は、官僚意識調査をもとに執筆された『現代官僚制の解剖』（有斐閣）で、より詳細な分析が加えられている。広島大学大学院人間社会科学研究科の小林悠太助教が担当した第八章「何が将来を悲観させるのか——リーダーシップ論からの接近」で、財政健全

化志向の強い官僚は自省幹部のヴィジョンに否定的な見解を持ちやすい、として以下のように分析する。

「財務政策が政党間対立軸を構成しない日本政治では、いかなる政権が誕生しても財政赤字の抑制が難しい。かかる状況で行政リーダーたちは、ディレンマ状況に置かれていると考えられる。一方で政治家は、官僚たちが政治的応答性を高め、財政再建を先送りにして政府支出を維持することを求める。しかしこの方針は財政再建化志向の強い官僚の不満を高めるため、行政リーダーは一部の部下の信望を失うリスクを高める。緊縮時代の行政リーダーには、政治家と部下の間で板挟みになる状況で、省庁の舵取りを行う能力が求められているのである」

一方、組織を管理するマネージャーとしての役割にも、一言触れておく必要がある。北村の見立てによれば、歴代次官の多くが「組織全体のことを議論したいと言いながら、現実には何もしてこなかったのが実態」だった。近年、ブラック職場の様相が強まる中で、上司と部下が組織論を戦わせる余裕がなくなり、若い課長補佐の間でも「組織全体を考えようという傾向がますます薄れてきている」と、意識調査の端々に感じられる幹部への不信感を指摘した。

こうした上司と部下の関係は今に始まったことではなく、いつの時代にもないわけではない。出世レースのトップ集団を走る次官の有力候補が、「オレがトップに立ったら組織は変わるよ」と安易な期待を語ることがある。だが、そんな口約束が過去に実現したためしはほとんどなく、「その繰り返しが、組織かもしれませんね」と、北村は笑いを交えながら話した。

官僚としての矜持はどこへ?

ここからは調査後の後日談だが、北村は何人かの若手課長補佐らから、「官僚意識調査という言い方はやめてもらえませんか」と苦情を受けた。「えっ、何が問題ですか」と聞き返すと、「我々は官僚ではなく、職員ですから」との答えが返ってきた。

まさに意識調査の核心に触れる部分であり、北村がそのココロを彼らに問うてみると、こんな言い訳が口を突いて出た。

「かつての小説やドラマのように、我々が大臣をはじめとする政治家に、食ってかかるようなことはもうありません。そんな議論もしません。与えられた仕事を淡々とこなしているだけの職員にすぎませんから……」

小説やドラマという言葉に、城山三郎の『官僚たちの夏』を重ね合わせているのは明らかだった。そして、「官僚」という言葉が「政治」と対で使われている現実を前に、もはやその前提は崩れてしまっていることを強調したかったようである。

この話を耳にした次官級の人物が、天を仰ぐようにこう語ったそうだ。

「情けない。今の若い人たちに官僚としての矜持はないのか！」と——。

別の質問項目に、「官僚の威信は社会の中で低下している」がある。これに対する答えは、何と九三％が「そう思う」「強くそう思う」と肯定的なものだった。霞が関に見切りをつける若手官僚に歯止めがかからない今日、官僚制度そのものが威信低下の根本原因だとすれば、もはや月並な制度改革で改善が図られるとはとても考えにくい。明治中期の官僚制度発足以降、積もりに積もった旧弊、悪弊を見直さない限り、威信の回復はありえないのではないか。

5章 内閣人事局の功罪

幹部人事はどうあるべきか

1　忖度と萎縮

戦後のキャリア人事の推移

内閣人事局の発足から九年、キャリア官僚にとって命の次に大事な人事をこの一組織に握られた結果、霞が関からは不平や不満の声が後を絶たない。内閣人事局については、これまで本書でたびたび触れてきた。本章では幹部人事の歴史や、各国の公務員制度と比較検証して、さらにその功罪についての考察を深めていきたい。

まずは戦後のキャリア人事の推移を駆け足で辿ってみる。

戦前のエリート官僚の代名詞である高等文官試験（高文）合格者の伝統は、戦後もほとんど改革されることなく引き継がれた。ＧＨＱによる公職追放や農地改革などは厳しく断行されたが、官僚制度改革は米ソ冷戦構造が深刻化するにつれ、抜本的な改革をためらわせる空気が支配的になったからだ。

そのため、キャリア制度は何ら法律に規定されることなく、慣例として戦後もしぶとく生き残った。国家公務員法では、資格任用を官僚人事に適用するため、採用試験だけでなく昇進の時にも競争試験を課すことを原則としていた。同法第三十七条（昇任の方法）は「職員の昇任は、その官職より下位の官職の在職者の間における競争試験によるものとする」（第一項）と規定、競争試験が選考の前提になっていたのだ。

実際、公務員法施行二年後の一九五〇（昭和二十五）年に局長・審議官などの幹部を対象に実施されたが、戦前からのキャリア官僚である彼らのプライドをひどく傷つけたようで、「多忙な仕事の合い間に、こんな試験などやっていられるか」と不満が噴出し、一年実施しただけであとは沙汰止みとなってしまった。

その結果、一度国家公務員試験に合格してしまえば、ほぼ永久就職の形で身分が保証された。しかも、試験の成績が入省後も一種の背番号のようについて回り、出世を左右する目安として使われた。といっても、成績に応じてその後の出世が明確に決まった旧海軍の「ハンモックナンバー」ほどではなかったが、各省庁の幹部の序列は試験によってほぼ決まっていたと言っても過言ではない。

国家公務員法上、人事権は大臣にありとされたが、実際はキャリアの仲間うちで人事が決められてきた。各省の中核機能である秘書課長―官房長―事務次官のラインが策定する人事構想を、時に大臣が一部の差し換えを命じたとしても、大方は構想通りに認められてきたのが実態であった。

戦後高まった民主化の掛け声とは裏腹に、キャリア制度はかつての高文官僚の伝統を後生大事に死守してきた歴史といえる。極論すれば、一八八六（明治十九）年の各省官制創設以来、キャリア制度の根幹は何ら揺らぐことなく引き継がれてきたのが、日本という国のかたちでもあるのだ。

橋本内閣が設置した閣議人事検討会議

そうした大河のような流れを、百数十年ぶりに変えようと試みたのが内閣人事局だが、そこに至る以前に制度改革に手を着けた時期があった。橋本龍太郎内閣の一九九七年、官房長官と三人の副長官からなる閣議人事検討会議を設け、そこで局長以上の幹部人事を審査した後、閣議で承認する方法が導入された。

この時期は、大蔵省不祥事が燎原の火の如く燃え広がり、過剰接待を受けて批判を浴びた幹部公務員が次々と槍玉に挙がった。閣議人事検討会議はそんな人物を事前に厳しくチェックし、ふるいにかけた上で閣議承認により内閣の任命責任をより明確化することに狙いがあった。

対象になったのは局長級以上の約二〇〇人で、幹部公務員人事に多少のメスを入れることにはなったが、根本的な改革にはほど遠かった。なぜなら、正副官房長官が参加する閣議人事検討会議に諮って正式決定するタテマエにはなっていたが、府省案がひっくり返ることはほとんどなく、原案を追認するだけの通過儀礼に過ぎなかったからだ。

この背景には、政治家から人事に手を突っ込まれることを極端に嫌う官僚特有の防衛本能が強く作用し、閣議人事検討会議という器はつくっても骨抜きになる状態が続いた。このマイナーチェンジから一七年後の二〇一四年、政治主導を前面に掲げる安倍晋三首相の強い意向により満を持して内閣人事局が設置され、閣議人事検討会議の骨格を法制化するとともに、対象人員を大幅に拡大して政治任用化への道へ突き進むことになる。

触らぬ神に祟りなし

新たな制度では、各府省の人事評価をたたき台に、官房長官が適格性評価を行い、内閣人事局が幹部候補者名簿を作成する。これを受けて、各大臣は名簿をもとに事務次官や局長、審議官など幹部の人事案をつくる。この人事案を首相、官房長官、大臣の三者が協議して、最終的に幹部の昇進や異動を決定する。

三者が判定する幹部人事の範囲は、当初は局長級以上の約二〇〇人を対象としていたが、内閣人事局発足の直前になって審議官級以上の六〇〇人へ三倍に拡大した。人事権を官邸に集中することにより、自らの省益を優先する動きを抑え、縦割りの弊害を排除しながら政治主導の政策決定を進める点に主眼が置かれた。

ここまでは制度の説明だが、問題はこれをどう活用するか、運用面の課題が早くから指摘されていた。官僚から見て、その最大の懸念は幹部候補者の名簿づくりにあり、大臣の思惑を超えて官邸が登用したい人物を無理矢理入れたり、逆に評価しない人物を外したり、恣意《しい》に流れるのではないかという危惧があった。

「官邸の意向」——内閣人事局の発足と歩調を合わせるように、この言葉がしばしばマスコミに登場するようになる。人事権の最後のグリップを握る官邸（この場合は首相と官房長官）が強大な権限を持ち、彼らに逆らうと人事で報復されるかもしれないと、幹部公務員たちは身構えるようになったのだ。

その結果、反射的に官僚たちの口から出たのは、「忖度《そんたく》」という言葉である。「官邸の意向だから何を言っても仕方がない」と諦めの心境がはびこり、触らぬ神に祟《たた》りなしという風潮が、霞が関全体に蔓延していったのである。

「抜擢」か「左遷」か

内閣人事局に内在する危険性を、発足前から指摘していた財務省の次官経験者がいた。その中核に位置するのが「人事評価」であり、この扱いが人事にどう反映されるかがポイントになるとして、こう語った。

「その人物を、誰が評価するのかという問題がある。各府省は二〇年、三〇年と一緒にやってきた上司がいて——もちろんそれでも人物評価にはバイアスはかかるが——すべてを知った上で人事評価する。それに対して、内閣人事局は過去何十年と積み上げられてきた評価を知らぬままに人事権を行使する。まして、最後の与奪の権を握るのが政治家となれば、評価の対象が「あいつは愛《う》い奴じゃ」といった極めて表面的な好き嫌いの感情が判断材料になるのは人の世の常だろう」

そういう構図が予想されるのであれば、当然、官僚は忖度に走る。これもまた必然の道理であると、次官経験者は続けた。

「たまたまある事案を担当し、官邸にしばしば通って人事権者の覚えがめでたくなる。その結果として、府省内のコンセンサスとは違った抜擢《ばってき》人事が行われると、自分もしばしば通ってゴマを擂《す》ったほうが得、盾突いたら損と自己規制を始める。あまり好きな言葉ではないが、猟官運動に走る輩《やから》が出てくるのは不思議ではないし、官僚とて人間集団だからいろいろな人がいて、ぎらついた思惑で動くのは避けられない」

内閣人事局創設の前後から霞が関で交わされ始めた微妙なささやきの声は、いざ制度がスタートするにつれ具体的な輪郭を伴って現実化していった。事務次官、あるいはそれを目前にした局長人事で、「抜擢か」「左遷か」――それらをあえて一言で片づければ恣意的人事と言えるのかもしれないが――判断を迷わせる異例な人事が目につくようになった。

ここに取り上げる事例は、霞が関で話題を集めただけではなく、マスコミなどに取り上げられたケースであり、概して「過去の慣例を破った」人事の数々である。今更筆者がしたり顔で解説するまでもなく、人事は「ひとごと」とも読めるように、人が人を評価して任免を決める行為だけに、決定までには好き嫌いを含めたさまざまな感情が入り交じりながら一つの結論に収斂していく。

内閣人事局の中でどのような会話が交わされたのか、中でも首相、官房長官、各府省大臣による三者協議で、最後の決定打となるどんなやり取りが交わされたのか。そのすべてとは言わないまでも、人事を決定づける三者の片言隻句でも耳にしない限り、公表された人事をあれこれ詮索するのは、本来、的外れの批判を免れないかもしれない。

何やら自己弁護に似た言い訳を書いたが、要するに、これから取り上げる事例は日本のキャリア官僚制度の代名詞ともいえる年功序列、順送りの慣例を崩した人事といっていい。それが、内閣人事局発足に伴って起きた事例なのかどうかは証明のしようがなく、霞が関での話題やマスコミの記事を参考にするしかないので、登場人物は実名は避けてイニシャルで書くのをご容赦願いたいと思う。

異例の人事の数々

［二〇一五年七月］
○金融庁の人事で、M監督局長が大方の予想より一年前倒しで長官に就いた。Mは金融行政の見直しを積極的に進め、早くから将来の長官と目された本命ではあったが、年功序列の色彩が強い財務省系列の役所では前例や慣習を破った人事と受け止められた。その結果、前任のHは二年間務めるであろうという金融業界の予想を覆し、一年での退任を余儀なくされた。その要因に、官邸が求めた農協改革に絡む協力依頼に対し、消極的だ

ったことが不興を買ったと見られた。

○総務省自治税務局長だったHが、自治大学校長への異例の人事を発令された。自治税務局長は同財政局長と並ぶ出世コースであり、次期次官就任が確実というわけではないが、いきなり自治大学校長への転出は誰の目にも「左遷」と映った。ふるさと納税で限度額の引き上げを主張する菅義偉官房長官に、Hは高所得者の寄付額を制限する案を進言し、即座に却下された。その後、上司からは「予定していた昇格人事が官房長官の意向で覆された」と聞かされたという。

［二〇一六年六月］

○農林水産省の次官に、O経営局長が就任した。Oは農協を監督する経営局長を約五年間務めて、全国農業協同組合中央会（JA全中）を一般社団法人に転換するとともに、JAグループの反発をかわして農協法を改正した実績を買われた。特にこの分野の改革には、菅官房長官がご執心といわれ、その要請に応える形で異例の次官就任となった。

農水省の場合、次官の最短コースは水産庁長官や林野庁長官とされ、農協改革一筋に実績を上げたとはいえ、経営局長からの昇格には意外感が強かった。また、前任の次官は○と同期だが、定年を前にしてわずか一〇ヶ月で退任を余儀なくされた。

［二〇一七年七月］

○学校法人「森友学園」への国有地売却問題が国会で厳しい追及を受ける中、財務省の担当局長であったS理財局長が国税庁長官に昇格した。国会答弁で事実確認や記録の提出を拒み続け、「真相解明に消極的」と批判を浴びたSだったが、麻生太郎財務相は「国税庁次長や大阪国税局長といった税の関係をいろいろやっているので適材」と人事を正当化した。野党からは「森友問題の功労者として出世させた」との厳しい指摘も出た。

○この人事とは対照的に、国有地の売却価格算定問題を追及され、国会答弁がしどろもどろになった国土交通省のS航空局長は退任に追い込まれた。航空局長は国交省の局長の中でも次官への最短コースと見られており、答弁のまずさが官邸の怒りを買い、結果として次官への道が絶たれたと受け止められた。

渦巻く怨嗟の声

巷間に伝わるように、一連の人事が安倍首相や菅官房長官の独断で決まったと結論づけるのは難しい。繰り返しになるが、最後は三者協議に委ねられるとはいえ、そこに至るまでの過程で秘書官を長く務めたとか、政策論で擦れ違いが起きたとか、関係者の間でさまざまな思惑が絡み合うからだ。

ただ、ここに取り上げた人事の数々は、霞が関の話題を大いに集めただけではない。人事の度に官房長官から発せられる次の一言が、官僚たちのさらなる疑心暗鬼を増幅する効果をもたらした。

「適材適所」――人事権を握る政治の側が、すべての人事をこの一言で片づけてしまえば、官僚の側はただ現実を黙って受け入れるしかない。人事権者にとって極めて都合のいい言葉だが、発令される身にとっては「そう決定した評価基準を明確に示してほしい」と、文句のひとつも言いたくなるのが人情というものだろう。次官、局長級の幹部はすでに三〇年前後のキャリア経験があり、それまで蓄積されてきた人事評価が顧みられることもなく、最終段階にまで辿り着きながら官邸の一存で黒白をつけられるのは耐えられない、と不満を抱いたとしても不思議ではない。

霞が関に充満する怨嗟の声を拾うと、

「恐怖心で人事を操るのはやめてもらいたい」

「政策は本来大臣が責任を持って決めるのであり、官邸が人事権を盾に政策議論を都合良く誘導するのは弊害が大きい」

「官邸に好かれると偉くなれる、嫌われると外されるといった傾向が強まり、各府省ともエース級の人物で辞める人が増えている」

こうした声が渦巻く背景には、安倍首相の長期政権が続き、安倍―菅の政府首脳が長らく幹部公務員の人事を掌握していた現実があった。とりわけ、菅官房長官は著書『政治家の覚悟』（文春新書）の中で、「私は、人事を重視する官僚の習性に着目し、慣例をあえて破り、周囲から認められる人物を抜擢しました」と明言しており、抜擢された人物は満足するだろうが、その背後に傷つく人物が何人もいるはずで、人事の一面だけを見ていると内閣人事局の本質を見誤ることになる。

反論の機会が必要

霞が関の官僚から「剝《む》き出しの人事権」と恐れられる内閣人事局だが、「廃止せよ」という声はあまり聞こえてこない。現実問題として、いったん出来上がってしまった仕組みをゼロの状態に戻すのは、不可能に近いということを官僚自身が理解しているためだ。

新たな組織が生まれた時に、しばらくの間、波風が立つのは世の常ではある。「こんなはずではなかった」「反発が大きすぎる」……など不満の声が渦巻いているとはいえ、それは新しい酒を古い革袋に入れた際に、起こるべくして起こる一過性の反応なのか。もう少し時間をかけて見守るべきと諦めたのか、これという結論めいたものは生まれていない。

ただ、霞が関で人事部門を長く経験したOBたちの間からは、当面の解決策につながるであろう提案が出されている。ある人事をめぐって大臣と官邸とで意見が割れた時、大臣の推薦を尊重すべきである、という考えに基づくものだ。

国家公務員法は、内閣人事局が発足した今も、各府省大臣の任命権を認めている。昇任や降格を決定する権利を与えられているわけで、意見が割れるというのは、大臣の判断と官邸（主に首相、官房長官）の判断が分かれた際、人事の対象になる人物を日常業務の中で、より深く知り得る立場にある、大臣の見解を優先するのが理にかなうとする指摘である。

やや持って回った言い回しになったが、要は、府省内に何十年もかけて出来上がった人事評価のコンセンサス、それを身近に接しながら自らの感覚で日々判定している大臣に最終判断を委ねるのが適切であると考える。次官経験者の一人は、「内閣が人事を決めるというタテマエだが、その際の大臣の役割は何か。あまりに官邸のごり押しが激しい場合、それをブロックする大臣の立場はもっと重んじられてもいいのではないか」と、一方的になりがちな内閣人事局の人事に注文をつけた。

「忖度」や「猟官」といった官僚にとって芳しからざる言葉が霞が関を覆う中、一歩進めて、度を過ぎたと思われる人事を調停する第三者委員会の設置を提案する意見も出始めている。つまり、人事が官邸から却下され、府省内に不満や批判が高まった際、大臣に反論してもらえる仕組みをつくったらどうかという窮余の策と言っていい。ある中堅幹部は、その狙いを次のように説明した。

「大臣の意向を明らかに官邸が覆したとわかった場合、その第三者委員会に訴え出て、なぜ官邸がそういう判断をしたか理由を明確にしてもらう調停の場です。近年は民間企業も指名委員会のような組織を設置して、人事の公平性・透明性を対外的にアピールせざるをえなくなっていますが、国民全体の奉仕者である役人にも、似たような独立した組織が求められているのではないでしょうか」

なるほど、人事に対する反論の機会を確保する考え方には一理あろう。人事という人間の感情が複雑に絡み合った営みゆえ、第三者委員会がどう機能するかは想像の範囲を超える難しさがある。この中堅幹部は「ただ……」と一言断ってこうもつけ加えた。

「仮にある人物が大臣に救われたとしても、のちのち官邸との関係でいろいろ困ることが出てこないとも限りませんけどね」

対象人数が多すぎる?

こうした対抗措置以前に、内閣人事局の対象者を六〇〇人に設定したのは、発足前から「多すぎる」という批判が出ていた。制度の設計段階では、局長級以上の約二〇〇人が検討された時期があり、「二〇〇人ならまだしも、六〇〇人の判断はとても無理」との意見が霞が関で大勢を占めていた。

実際、発足してからさまざまなケースが明るみに出るにつれ、「対象者を三倍にしたのは、忖度、猟官に走る対象者を三倍にしたのと同じこと」と皮肉交じりの声が高まった。出世レースの最終段階にある局長級以上なら、政治任用による人事もそれなりに受け入れられるだろうが、審議官まで対象になると、まだまだ出世ポストの可能性がいくつも残され、忖度、猟官に走る幹部クラスが激増するのではないかと予想されていたのも事実だ。

いずれにせよ、キャリア官僚の悲喜こもごもの思いとは裏腹に、内閣人事局が廃止されることはまず考えられない。現実的な是正策として、反論の機会を与える第三者委員会の設置や、対象人数の絞り込みなどが選択肢として挙げられるが、これとて抜本的な解決につながるかどうか未知数である。

元次官が見た内閣人事局

内閣人事局の人事をめぐっては、対象となる、あるいはなったキャリア官僚から、硬軟織り交ぜてさまざまな意見が出されている。「政治主導ならぬ、政治家主導が行きすぎて官僚を忖度へと走らせている」という批判派から、「官僚主導から政治主導に移る過程で必要な組織」という肯定派、さらには「設置されてしまった以上、廃止は言うべくして難しく受け入れざるをえない」という諦め派……まで、官僚一人ひとりにとってそれぞれの受け止め方があるのは確かだ。

本書は「事務次官」を主題にしているので、次官本人の生の声を文字にしたいところだが、現役の次官にオフレコでなく話を聞くのは大変難しい。そこで、内閣人事局の人事を現役次官として経験した元次官二人に登場してもらい、どう受け止め、どう評価しているか、ホンネに迫って話を聞き出したいと思った。

初めに、一五～一七年にかけて防衛事務次官のポストにあった黒江哲郎現三井住友海上火災保険顧問である。1章で黒江が南スーダンPKO日報問題で次官を辞任した経緯に触れたが、ここではあくまで防衛省の人事担当者として見た内閣人事局を語ってもらうことにした。

こちらが元次官の立場を慮《おもんぱか》って、「内閣人事局の見直しはあると思いますか?」と変化球の質問から始めたところ、こちらの深謀遠慮をまるで意に介することなく、広い視野から自身の考えを明快に述べた。

「正直に申し上げると、官僚に対して「忖度」の批判があるのは心外だと思っています。というのも、役所の縦割り行政の是正のため、与野党を問わず政治主導、官邸主導の必要性が強く叫ばれてきました。今日、霞が関の行政がますます複雑化して、各省にまたがる課題が次々と生まれてきている。例えば、防衛省だけで沖縄問題は前に進みませんし、一つの役所の省益のみで結論が出せる時代ではなくなっているんです」

沖縄問題の一例として、黒江はいわゆる「やんばるの森」と呼ばれる場所にある北部訓練場の返還を挙げた。何年もの間返還が進まなかったが、菅義偉官房長官（当時）の強いリーダーシップの下、官邸が中心となって解決への道を探った結果、最終的に返還への道が開かれたのだ。

「関係省庁が多岐にわたる場合には誰かが中心にならなければ解決の道は遠いので、やはり、官邸や内閣官房を中心に仕事をするのは当然ではないか。それを、官邸の顔色をうかがっているとか、人事を気にして忖度しているとか批判するのは、そんな考え方自体が間違っていると思いますね」

ただ、ここまで明快な語り口で話した黒江だったが、「行政課題と関係ないところで忖度するのは良くない」と断り、「官邸に露出しないポストがあることも考慮する必要がある」と、人事政策の本質部分にクギを刺した。

ここで言う「官邸に露出しないポスト」とは、審議官級になりたての人など、足繁く官邸に通って行政課題の説明をする機会の少ない人たちを指す。内閣人事局の対象が審議官級以上六〇〇人に定められた結果、ジュニアの審議官の多くは官邸に赴くケースが限られ、人事権を握る幹部らとの接触が少ないことで人事にマイナスになると受け止めがちになるのを危惧した指摘だ。

人事は、人事権者と頻繁に顔を合わせることが有利に働くケースが多い。「覚えがめでたい」と形容されるように、対面なり電話なりでしばしば接触を持っていることが大前提になる。時には人事権者の不興を買って嫌われることもないではないが、まず接点がなければ顔を覚えてもらうことも、気に入られることも現実としては起こりにくい。

黒江の指摘を斟酌《しんしゃく》して、「それなら、対象人員を審議官級以上六〇〇人から、局長級以上の二〇〇人に絞ったらどうですか」と、水を向けてみた。それに対し、黒江は「局長級以上二〇〇人のくくりはあると思うが……」と述べるだけで、それ以上の言及は避けた。

幹部養成という役割

霞が関で議論百出の内閣人事局だが、岡本全勝元復興庁次官にも意見を聞いた。それに対する答えは、「これは絶対に必要」とあっけないものだったが、一つだけ「人事局にやってもらいたいのは幹部養成であり、現場の視察も含めてもっと経験を積ませてほしい」と条件をつけた。

なぜ岡本が幹部養成にこだわるかというと、前に触れた「欧米に追いつき追い越せ」のようなわかりやすいお手本のあった「坂の上の雲」の時代が過去のものになったためだ。それに代わって日本を覆うのは、岡本の表現を借りれば「坂の下の影」であり、影を生む要因として以下の三点を挙げた。

①バブル崩壊以降続く景気の停滞
②非正規雇用の増加に伴う格差の拡大

③独り暮らし世帯が増える中での孤独・孤立の問題

いずれも一九九〇年代半ばから日本が抱えてきた重い課題であり、「坂の下の影」を把握するには、官僚が現場の生の声を聞き自分の目で見て判断する必要がある。判断の目を養うのは、「坂の上の雲の時代と違った予算や、権限拡大に直接結びつかない手法」であり、現場を知って考える幹部養成が官民ともに必須になるというのである。

「現場の声を政策に生かせ」は昔から言われてきた話で、官僚にとって耳にタコができるほど聞かされてきたに違いない。だが、近年は人員削減が進むとともに経費の節減も厳しく求められ、現場を見る機会が減ってきている現実があるようだ。そうした官僚の置かれた状況もふまえ、内閣人事局には幹部養成に全力を挙げてほしい、と岡本は考えている。

目標設定と業績評価の嚙み合わせ

この点を真っ先に強調した上で、内閣人事局の人事そのものより、明治時代の官僚制度発足から連綿と続き、とりわけ戦後になってその傾向が一層強まった役人の任期の短縮化傾向を槍玉に挙げた。昭和の時代は次官を二年務めるケースも珍しくなかった——中には大物ぶりからドンと呼ばれる次官もいた——が、平成に入ると二年は例外的になり、一年で身を引く次官が大半を占めた。

大蔵・財務省が典型的といわれるが、他省庁も似たような傾向を辿っているのは明らかだ。岡本は一年次官が当たり前のように繰り返される霞が関人事を、「互助組合」と呼ぶ批判に与《くみ》した。

「次官ポストを一年で回そうというのは、あくまで内輪の論理であって「互助組合ではないか」とある人が批判していたが、そのように批判されても仕方がない。私は、次官は最低二年間やらなければいけないと思っています。だって、役人の業績評価の厳格化が求められる時代に、一年で次々に辞めていたのでは評価にならないじゃないですか。私も一年三ヶ月で次官を退任したのですが、その前の三年間に次官に次ぐ筆頭の統括官を務めていて、仕事は連続していましたから、評価をする方としては問題なかったと思います」

そして、一年で社長や副社長が交代する会社があったとしたら……という仮定の下に、「役所には大臣がおられるので単純な比較にはなりませんが、そんな会社は、株価が下がるでしょうし、潰れるでしょう」と語った。

こうした一連の問題意識を敷衍して、組織人の立場から〝一年次官〟の弊害を鋭く突いた。次官のみならず局長も含めて、官僚制度の基本に「目標の設定と業績の評価」が顧みられていない現実を挙げた。

その典型が、各省設置法の条文にある。この法律は各省が担うべき役割が列記されており、いわゆる所掌事務はくどいほど詳細に書かれているものの、中長期にわたる目標は示されていない。その所掌事務についての目標設定とそれを国民に納得してもらうことこそ「次官と局長の仕事」と強調した上で、岡本は霞が関人事に根本的に欠ける業績評価のあり方に苦言を呈した。

「欧米に追いつき追い越せが国家目標であった時代は、所掌事務が目標であり、それを実現することが官僚の任務だった。しかし、その国家目標が達成された後、新たな目標設定に政府も国民も失敗している。官僚の側から見れば、上司による勤務評定はあっても目標が設定されていないので、自分たちの仕事が評価されない状態が続いているわけです」

繰り返しになるが、日本は「坂の上の雲」を目標にすればいい時代から、一九九〇年代を境に「坂の下の影」を見て政策を立案しなければならない時代に入った、と岡本は言う。各省設置法が所掌事務の明記にとどまっている限り、官僚が解決すべき課題が見えてこないし、どの方向に進むべきかの指針も生まれてこない。「次官と局長がしっかり仕事をするために一年交代の人事はいかがなものか」とした上で、目標設定と業績評価がうまく嚙み合う幹部公務員の評価制度を早急に導入すべきとの考えを強調した。

財務省設置法とは何か

各省設置法について、もう少し詳しく説明しよう。
霞が関における行政組織の基準を定めた「国家行政組織法」を受け、各省の任務や所掌事務を規定したのが「各省設置法」である。それぞれの省単位で設置法が定められ、任務（第三条）、所掌事務（第四条）とほぼ同じ形式で条文が綴られている。
財務省設置法を例に取ると、第三条の任務は次のように規定される。

「財務省は、健全な財政の確保、適正かつ公平な課税の実現、税関業務の適切な運営、国庫の適正な管理、通貨に対する信頼の維持及び外国為替の安定の確保を図ることを任務とする」

読んで字の如し、主計局、主税局など組織内各局の担当業務を簡潔に記す。わかり切ったことをことさらにと一言文句をつけたくなるところだが、これも行政機関の存在意義を裏書きするために必須の法律なのだろう。

任務を具体的な業務に表したのが、次の第四条所掌事務である。「財務省は、前条第一項の任務を達成するため、次に掲げる事務をつかさどる」と前置きして、次から次へと所掌事務が羅列される。

「一　国の予算、決算及び会計に関する制度の企画及び立案並びに事務処理の統一に関すること。

二　国の予算及び決算の作成に関すること。

三　国の予備費の管理に関すること」

こんな調子で、記述は延々と続く。所掌事務の最後は「六十五」で終わるが、他の役所との境界領域ならともかく、財務省独自の守備範囲をこれだけ素直に羅列する意味がどこにあるのか、と法律の素人は思ったりする。ふと「無味乾燥」という四字熟語が頭に浮かぶが、岡本の意見をもう一度繰り返しておこう。

「役人に対して、こういう方向に進むべきという目標が示されないとどうしていいかわからない。中期計画と言っていいのか、課題を明確に示してこそ、政治主導の意義があるのではないか。そしてその課題をどのように解決するかを示し、行政コストを明らかにして、職員に指示するのが大臣と次官、局長の役割でしょう。これまで中期計画のようなものがなくてもできたのは坂の上の雲の時代だったからであり、〝坂の下の影〟を追う時代にはそれぞれの役所と局でわかりやすい目標を示す必要があると思う」

理念は間違いではない

内閣人事局に話を戻そう。政治主導を推進するテコの役割を期待されたものの、現状は、官僚の世界に「忖度」という後ろ向きの姿勢が目立つようになった。政治家に強く反論すると目をつけられ、人事で制裁されることを恐れて、正論まで封じ込めてしまう傾向が強まっているためだ。

内閣人事局創設からすでに九年、良くも悪くも定着した制度を廃止しろと言っても現実的ではない。仕組みを見直して、少しでもより良き方向に改善を図っていく方法はないのか、人事院出身の嶋田博子京都大学公共政策大学院教授（人事政策論）にその可能性を質した。

嶋田は八六年に京大法学部卒業後、人事院入庁。事務総局総務課長、給与局次長、人材局

審議官などを歴任した。ジュネーブにある外務省の日本政府代表部に出向し、人事担当の外交官として国際公務員人事の最前線に身を置いたこともある。

そうした問いかけに、間髪を入れず嶋田は「所属する省庁の、主に有力ＯＢに忠誠を示せば報われる、固定的な行政環境を前提とした従来の人事慣行に大きな問題があった」と、それ以前の人事を批判した。その上で、「その時々の政策課題の実現に向けて幹部人事を一元管理する理念は間違っていない」と強調し、内閣人事局そのものの存在意義を肯定してみせた。

ここで語られた「有力ＯＢに忠誠を示せば報われる」という指摘には多少の説明がいるだろう。官庁の中の官庁と呼ばれた旧大蔵省（現財務省）を中心に慣例化していた人事体系であり、事務次官経験者の中でも「ドン」と称される実力派の人物が、現役の幹部人事を左右するのが当たり前とされた時代が長く続いてきた。

それは、官僚の人事に政治が介入するのを阻止するため、一種の生活の知恵として、身内だけで人事を決める仕組みをつくり上げてきた結果であった。その堅固な壁を打ち破り、政治家が幹部公務員の人事を掌握する目的で設置されたのが内閣人事局であり、国民ニーズがいかに変化しようと何年も前から幹部人事が決まってしまう旧来の慣行にメスを入れた点で

「政治主導」の理念が一歩前進した、と嶋田は評価する。

記録・公開と事後説明

だが、前に述べたように、ふるさと納税の問題点を指摘した総務省の局長が、官房長官の怒りを買って同省の原案とは異なる軽量級ポストに事実上左遷されたのをはじめ、いくつもの幹部人事が政治によって差し替えられる事例が相次いだ。その結果、幹部公務員の多くが政策論議で政治家と衝突するのを避け、ひたすら忖度に走る行動原理を選ぶようになったのだ。

とはいえ、内閣人事局の創設のみで、このような状況を招いたわけではない。明治以降連綿と続く日本型人事慣行と、国家公務員制度改革基本法の〝つまみ食い〟が、忖度に象徴される官僚のさらなる萎縮を招いてしまった。これら二つの視点について、嶋田は自らの著書『職業としての官僚』（岩波書店）の中で鋭い分析を加えている。

まず、旧来の日本型人事慣行に関し、英米独仏のそれと比較してこう記述する。

「これら四か国の人事では個別ポストの職責があらかじめ明示され、本人がそこに応募する方式が基本である。対照的に、日本では官民問わず、当局による一方的な配置が慣例になっており、各ポストの任務も前任者から大ざっぱに引き継がれるだけで、具体的な職掌は時々の配置事情や属人的要素で伸縮する。ポストに要求される経験や能力要件も、人事決定過程も可視化されていないため、人事決定権者への過剰な忖度がもともと生じやすい構造がある」

こうした土壌が長きにわたって固定化されてきたところに、内閣人事局の人事が採り入れられ、それも中途半端な形で導入されたために、忖度がいや増したというのが嶋田の見方である。著書の引用を続けよう。

「政策の順位づけは価値判断であるゆえに政治の本質であり、結果責任を負うのも政治である以上、人事一元管理は政治主導に沿った適切な仕組みである。ただ、この改革に付随する不可欠な要素として改革基本法に掲げられていたのは、政策決定過程の記録・公開と、人事配置理由の国民に対する事後説明であった。それらの項目は積み残し、選考過程が可視化されない慣行も維持したために、人事配置が時の判断権者の感情に影響される余地が拡大し、（実際には完全に能力主義だったとしても）不興を買う恐れのある言動を避けるという官僚側の萎縮を生んでいる」

ここで強調されているのは、政策決定過程の記録・公開と人事配置理由の事後説明の二点である。嶋田の言葉を借りれば、一元管理は「国民が人事を監視できることが大前提」であり、そのためには、政策決定過程における政官接触の記録・公開と、官房長官による説明責任がセットで実施されなければならなかった。

それらの必要十分条件が先送りされた結果、官房長官による説明責任は「適材適所」の一言で片づけられてしまう現実につながった。と同時に、総理や官房長官個人の好き嫌いで人事が決まる余地が生まれ、それが官僚の忖度や萎縮を一層強める悪しき循環に陥っているというのである。

イギリスやオーストラリアでは、これらの必須要件が幹部人事にしっかりと組み込まれている。こうした国々を参考にしながら、「まずは職責の透明化と、それに照らした人事の当てはめが最適だったかどうか、それを確認する手続きが必要になる」と、嶋田は語気を強めて語った。

このような一連の手続きが実現すれば、イギリスやオーストラリアで行われている公募制を日本に本格導入する道もおのずと開けてくる。そこで次節では、オーストラリアの公募制を参考に日本の幹部人事のこれからを占ってみることにする。

2　世界の幹部人事にモデルを探して

主要国の幹部公務員制度の相違

海外事例を参考に幹部公務員制度を論じるのがここでの目的だが、言うまでもなく日本のそれにスポットを当てて、より良い方向に改革を促すことに最大の狙いがある。初めに、世界の主要国が採用する国家公務員の任用方法から説明を始めよう。大別すると、政治家がその裁量で任命する「政治任用」と、本人の能力や実績に基づいて任命する「資格任用」の二種類がある。

前者の政治任用の典型的な国がアメリカであり、大統領が省庁の局長級以上の幹部公務員を直接任用する。猟官運動は日常茶飯事であり、政権交代が起こると一気に二〇〇〇人以上の幹部が政治任用によって入れ替わる。トランプ前大統領が、意に沿わない長官や幹部公務員を次々と罷免したのは記憶に新しい。

これに対し、後者の資格任用を採用しているのが、イギリスやオーストラリアなどである。

■図表４　主要国の幹部公務員制度の相違

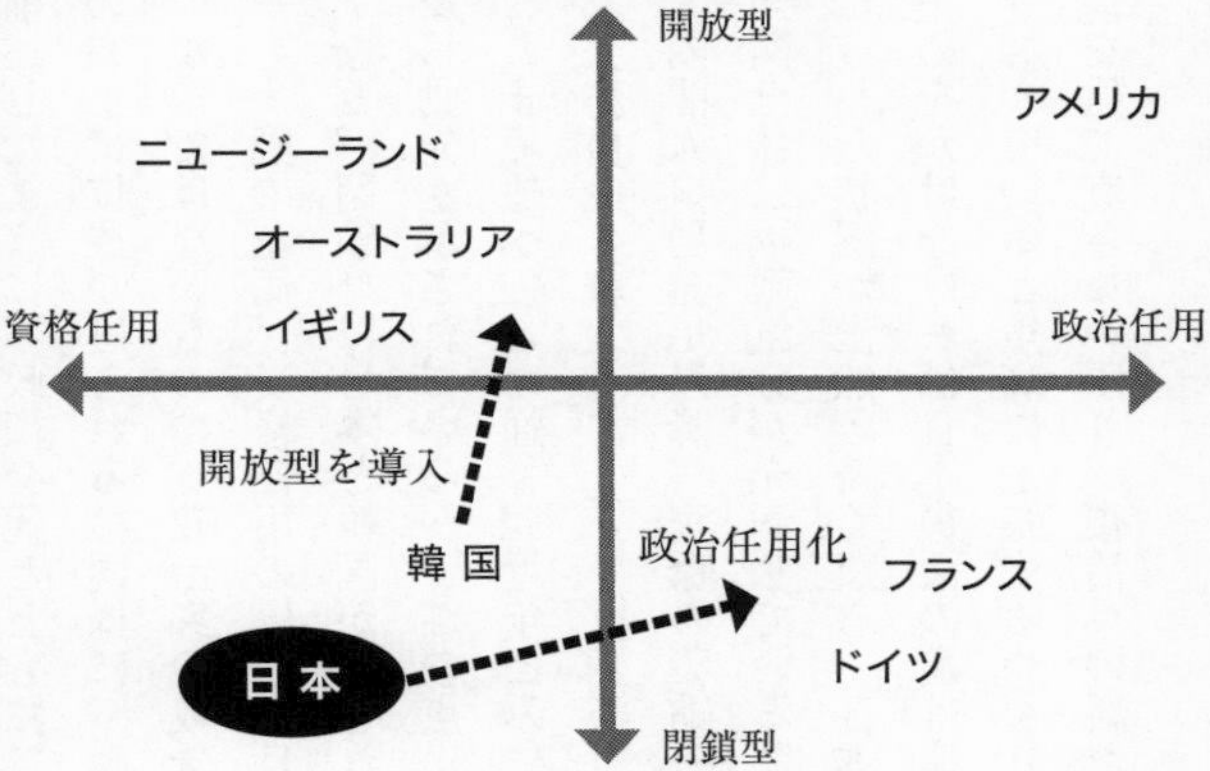

出所：田中秀明『官僚たちの冬』小学館新書、2019年

これらの国では能力・実績を評価する資格任用が原則であり、とくに幹部公務員の任命に当たっては内外からの公募制が重視される。ポストごとに最適な人物を競争原理によって採用する狙いで、公務員には政治的中立性が厳しく求められ、公務員と政治家との接触は厳しく制限される。

この二つを頭に入れて、別掲の図表４「主要国の幹部公務員制度の相違」を見てもらいたい。横軸に政治任用と資格任用を、縦軸に開放型か閉鎖型かを示している。ここで言う開放型・閉鎖型は、公募を含めて外部からの登用が重視されている（開放型）か、年功序列・内部昇進を中心に外部からの登用が限定的（閉鎖型）かの度合いを比較したものだ。

前述したように、政権交代とともに二〇〇〇人以上の幹部公務員が入れ替わるアメリカは、図の右上に位置づけられる。同様に、政治任用を採用するドイツ、フランスも、アメリカほど大規模ではないものの、政治家の裁量で一部の幹部が任免される。

一方、図の左側、資格任用のほうに目を移してもらうと、開放型にイギリスやオーストラリアなど、閉鎖型に日本と韓国が記されている。日韓両国には太い点線の矢印が描かれ、新たな移動先が示されているが、この点については後段で詳細な説明を加えたい。

ここまで述べてきた通り、近年とみに不祥事が多発して官僚の劣化が叫ばれるだけでなく、国家公務員総合職（キャリア）の志望者数が年を追って減少傾向を強めている。そればかりか、内閣人事局発足以降、官僚の萎縮や忖度が日常茶飯事のようにマスコミの話題にのぼり、霞が関全体に厭戦気分が充満していると指摘する識者も少なくない。

こうした状況が漫然と続くなら、日本という国家そのものの劣化が避けられず、どこかで歯止めをかけなければ日本復活の道は遠ざかるばかりだろう。官僚制度の改革がすべてのカギを握っていると声高に主張するつもりは毛頭ないが、少なくとも行政の担い手である官僚機構を建て直さない限り、復活への新たな一歩を踏み出すのは言うべくして難しい。

曖昧模糊の打破

そこで、日本の官僚制度の問題点を俎上に載せ、海外事例を参照しながら改革の方向性を明らかにしていきたい。そのためには、まず、日本の現行制度を明確に把握することから話を始める必要がある。

図表4にあるように、日本は内閣人事局の発足前、「閉鎖型」の「資格任用」に位置づけられていた。官房長官と副長官から成る閣議人事検討会議を設け、そこで幹部公務員の適性を審査した後、閣議で承認する方法が導入されていたが、密室で人事が決まることに変わりはなく、「閉鎖型」の典型であった。

問題は、能力や実績に基づいて評価する「資格任用」が、現実にどう機能しているかにある。これが霞が関にしっかり根づいていれば、より公平性・透明性の高い人事が行われてきたはずだが、実態はまるで違った。

戦後に成立した国家公務員法では、資格任用を官僚人事に適用するため、採用試験だけでなく昇進の時にも競争試験を課すことを原則としていた。実際、戦後に成立した国家公務員法には、採用時のみならず昇進に際しても競争試験を課す資格任用が明記されたが、この試験は一九五〇（昭和二十五）年に一度実施されただけで、キャリア官僚の不評を買って、それ以降はまったく行われないままに終わったことはすでに述べた。

つまり、キャリア官僚は一度の試験で採用されると、入省後は基準が曖昧な勤務実績による選考で昇進が決まってきた。この勤務実績さえキャリアはすべて「A」評価に統一されていた時代もあったとされ、人事は以心伝心、もっと言えば幹部の好き嫌いで決まった時代が長く続いた。その結果、入省同期の中から毎年ほぼ一人が次官まで昇り詰める順送り人事が当然のように繰り返されてきたのだ。

要するに、日本はタテマエは資格任用だが、実際は能力や実績がまっとうに評価されないまま、時には大臣の鶴の一声で政治任用も可能な、極めて曖昧模糊《もこ》とした幹部人事が常態化していた。そんな現状を打ち破り、幹部公務員の人事に公平性・透明性を持たせようとしたのが内閣人事局創設だったが、図表4の太い点線の矢印の政治任用化が象徴するように、官僚の忖度を助長する逆効果が目につくのは先に指摘した通りだ。

モデルとしてのオーストラリア

そこで、霞が関を覆う暗雲に似た、この深刻な問題にどのような解決方法があるのだろう。最も過激な主張が許されるなら、「内閣人事局を廃止せよ」という極論になるが、政治が満を持して立ち上げた組織を一〇年も経たないうちに葬り去れというのは現実的ではない。内閣人事局が審議官級以上六〇〇人の幹部公務員を対象とした新たな任免システムである以上、そこにさらなる見直しを加えていけば、人事の公平性・透明性が高まる可能性は十分にあるはずだ。

最も参考になるのが、図表4の左上に登場するオーストラリアである。「資格任用」という点は日本と同じだが、人事の開放性・閉鎖性という分類で、「開放型」に位置づけられる人事制度を採用している。ここからは、自身も財務官僚の経験があり、海外事例にも詳しい田中秀明明治大学公共政策大学院教授の解説や文献をもとに、オーストラリアの「上級管理職（Senior Executive Service ＝ＳＥＳ）制度」が一つの参考例になるかを検証していくことにしよう。

本論に入る前に、日本の内閣人事局人事とオーストラリアのＳＥＳ人事の根本的な相違点がどこにあるか、単刀直入に尋ねた。この質問に対する回答の大前提として、同じ「資格任用」でありながら日本のそれは「似て非なるもの」と一言の下に切り捨て、「新しい国家公務員法は、資格任用を担保するために、競争試験を採用だけではなく昇進においても条件としましたが、実際には、大臣が公務員を政治任用もできる、あるいは官僚自身が人事を決められる〝両生類〟のような仕組みになってしまった」と語り、他方、オーストラリアは能力・実績に基づく資格任用を徹底させる改革を行ったと強く主張した。

その上で、幹部公務員を競争原理に基づき、内閣で一元管理する制度の充実を図る。一元管理という仕組みだけは内閣人事局の発足で一歩前進したものの、資格任用の徹底と競争原理に基づく任免が実現していないことが、結果として政治任用の余地を広げてしまい、官僚が萎縮・忖度に陥る悪しき構図が常態化する現実を生んでいる。

そこに改めてメスを入れ、内閣人事局制度が本来めざすべき機能を取り戻すために、田中が強調してやまないのが、オーストラリアの上級管理職制度に範を取った日本版ＳＥＳの導入なのである。

オーストラリアSES設置の背景

まずは、オーストラリアのＳＥＳがどのような経緯で生まれ、どのような効果を生んできたか、駆け足で振り返ってみる。

オーストラリアも官僚主導と言われていたが、一九七〇年代以降、その弊害が強く認識されるようになった。そうした中で経常収支の赤字拡大とともに経済や社会制度が行き詰まり、八三年に政権交代が実現して新たな舵取りを任された労働党政権は、官僚主導から政治主導に転換するべく、従来の公務員制度を中心とした政府部内の抜本的な改革に着手する。その目玉になったのが上級管理職の創設であり、翌八四年の連邦公務員法の改正によって正式にスタートした。

この制度は、高度な組織運営能力や専門性を持つ幹部公務員を、各省庁の枠にとらわれず連邦政府全体で一元的に育成・管理することを基本的な狙いとした。加えて任期付き採用の仕組みを導入することにより、人事における信賞必罰をより明確にするとともに、政府の外部からの登用を促し、人材の流動性を高める狙いもあった。

具体的には、次官を除く局長などの幹部はすべて原則公募とし、特定のポストに空席が生じると、職務内容や求められる能力、給与などの条件が官報や新聞などに広告される。人事委員会からの代表などで構成される独立した選考委員会が一ポスト当たり二～三人の候補者を審査し、それぞれのポストに最適な人物を選んで最終的に次官が任命する。

幹部に登用されるには、公募の競争に勝たなければならず、財務省出身だからといって財務省幹部になれるとは限らない。これにより省庁の縦割りは是正され、内閣の政策目的に貢献して業績を挙げた者が出世するようになったという。

次官を歴任するケースも

では、本書の主題である事務次官はどう選ばれるのか。

先に「次官を除く幹部はすべて原則公募採用」と書いたように、次官のみは公募の対象から外される。通常は上級管理職の中から選考され、首相内閣府次官（日本で言う事務の内閣官房副長官に相当）が候補者リストを作成し、総理の承認を経て総督が任命する。次官は任期付き採用が原則で、当初三年プラス二年の延長が可能とされる。

この点が一～二年の順送りで次官が決まる日本とまったく異なる。日本の次官は任期が短いため、「名誉職」（セレモニー屋と呼ぶ声もある）とも言われるが、オーストラリアの次官は組織運営や財務管理の責任者、すなわちマネージャーの役割も担う。例えば、組合との人件費の交渉も含めた組織運営の巧拙が問われる。その結果、次官の業績は厳しく査定され、各省次官の間で賞与に数百万円の差がつくといわれる。

それはまた、優秀な次官であればあるほど引く手あまたで、複数の官庁の次官を歴任することも稀ではない。例えばイアン・ワットという人物は、通信情報技術・芸術省を皮切りに財政・管理省、財政・規制緩和省、防衛省、首相内閣府と、約一四年間に五つの次官ポストを射止めた。さすがに彼のケースは例外中の例外だが、二つぐらいの次官を経験する人物はかなりいるそうだ。

ただし、次官の任命は最終的には首相の判断なので、首相の好き嫌い、すなわち政治任用も可能である。この改革を主導した労働党は、もともとアメリカのような政治任用制度を導入しようと考えていたが、ＳＥＳの導入でそれは断念したものの、次官については、アメリカに近い仕組みとなった。首相が政治的指導力を発揮するため官僚機構を掌握したいからである。この点でも日本とは違う。日本では、内閣人事局が出来たとはいえ、任命権者は大臣なので、官僚機構と一緒になって人事を行い、これが省益や縦割りの温床になっている。

こうして省庁トップの次官のみは政治任用となったが、政治家との関係には一種のタガがはめられている。例えば大臣から「補助金を獲ってこい」などと無理難題を押しつけられた時、その事実を人事院に報告しなければならない義務が課された。その省庁の財務管理責任者としての対応を怠ると、のちに事実が発覚した際に厳しく責任が問われることになり、政官の間には常に緊張関係が維持される仕組みがある。

オーストラリアと内閣人事局との違い

オーストラリアの幹部人事改革と、日本の内閣人事局による幹部人事とを比較しながら、田中は次のように総括した。

「オーストラリアの場合は、七〇年代後半から八〇年代初めにかけて経済危機が深刻化したから、それだけ大胆な改革ができた。日本もバブル経済の崩壊などを受けて内閣人事局の創設に踏み切り、霞が関全体で人材を登用する理念は形になったものの、現実は官僚の多くが忖度に走る歪んだ人事が目につくようになってしまった。本来内閣人事局は〝日本版SES〟をめざしたはずだが、運用の面でオーストラリアと日本では決定的な違いがあり、日本の幹部人事は似て非なるものになったというしかありません」

その決定的な違いとは何か？　日本の幹部公務員人事――なかんずく次官人事をより有効な方向へと軌道修正させるには何が必要なのか。以下では、その道筋をいかに模索していくべきかを論じたいと思う。

「ポストか、グループか」――その決定的な違いは、こんな単純な比較で言い表すことができる。これだけでは何を言おうとしているかわかりにくいだろうが、要するに候補者名簿のつくり方に大きな違いがある。オーストラリアのSESはそのポストごと、日本の内閣人事局は局長、あるいは審議官など職階ごとに候補者を名簿に載せ、その中から選考する方法だ。両国の根本的な違いをもう少し嚙み砕いて説明すると、こうなる。

オーストラリアのそれは「ショートリスト」とも呼ばれ、そのポストに必要な能力かを判定して応募した人物を名簿に載せる。その際、「一番○○、二番△△、……」といった具合に能力ごとのリストを作成、これらの候補者を選考委員会が審査し、その結果を受けて次官が任命する。次官を除く上級管理職（SES）が政治任命に陥らず、能力による競争原理に基づく人事の透明性、中立性が確保される所以《ゆえん》がここにある。

それに対して、「ロングリスト」と呼ばれる日本の方式は、局長にふさわしい人物、審議官にふさわしい人物などと職階ごとに候補者を羅列する。要は、その名簿に名前が載らなければ昇進は不可能だが、六〇〇人の候補を職階グループに分けただけのリストで、ポストに必要とされる能力のある人物かどうかは判定の対象になっていない。こうしたロングリストの持つ曖昧さが、総理、官房長官、関係大臣による三者協議の場に政治が介入する余地を残し、官僚からすれば政治家への忖度、もっと言えばゴマスリや猟官運動に走る結果につながっているわけである。

図表4で、資格任用のはずの日本が、太い点線の矢印で「政治任用化」の方向に大きく舵

を切ってしまった現実が、これでより明確に理解してもらえたのではないか。幹部公務員に対する内閣人事局の人事は、資格任用でありながら事実上の政治任用になってしまった点に、運用面における最大の矛盾が生まれていると断言していいように思う。

韓国のクオータ制

では、このネックというか弊害を解消する方法はあるのだろうか。いきなり内閣人事局の廃止を掲げても、政治的に看板倒れに終わるのがオチである以上、現状を少しでも改善、好転させる術は見出せるのか。そんな疑問をストレートに田中にぶつけてみると、「オーストラリアを真似て、対象者六〇〇人をすべて公募制でと言っても日本では無理でしょうから、オーストラリア型SESに範を取りながら、独自のクオータ（割当）制を採り入れた韓国の例が参考になるかもしれません」と、一つの解決法を明らかにした。

再び図表4に目を転じてもらいたい。日本と同様に閉鎖型の資格任用だった韓国は、太い点線の矢印が開放型に移行しているのがわかる。九七年のアジア通貨危機を契機として、政府部門の改革が政治課題となった韓国は、オーストラリアまで視察に行って上級管理職制度の導入を決めるが、いきなり全員の公募は難しいと見て、そこに韓国なりの工夫を凝らした。

韓国版のそれは、高位公務員団（Senior Civil Service＝ＳＣＳ）制度と名づけられ、二〇〇六年に施行された。質の高い幹部公務員を政府全体で養成するため、民間からの登用や省庁間異動などに競争原理を採り入れた基本的枠組みはオーストラリアとほぼ同じだが、公募の対象にクオータ制を入れた点に特徴がある。

具体的にはＳＣＳの採用方法として、

公募による官民競争（全体の二〇％）

省庁間の競争（同三〇％）

省庁内の競争（同五〇％）

と、三つのジャンルに分けて、公募は一部に限定して実施した。これらは必ずしも任期付きではないが、五年ごとに資格審査を受け、業績評価が悪い場合は降格や免職となる可能性もある。

主要国の幹部公務員制度を比較研究してきた田中は、クオータ制上級管理職の採用が日本にとって現実的な解決策になると見ている。オール公募というアングロサクソン的な手法は日本に馴染まず、背景に儒教的な思想風土を有する韓国の改革がより参考になるのは確かだろう。いずれにせよ、官僚が忖度に走る道を閉ざし、競争原理に基づく人事管理をいかに実現するかが厳しく問われているのだから……。

根本から役割を問い直す

そして行き着く先は、事務方最高峰の事務次官人事をどう設計するかに議論は収斂する。何度も引用して耳にタコができそうだが、日本の次官は「その省の長である大臣を助け、省務を整理し、各部局及び機関の事務を監督する」（国家行政組織法第十八条第二項）としか定義されていない。だから、基本的に入省同期から毎年のように一人の次官が選ばれ、論功行賞ともいえる名誉職に就いて、ひたすら大過なく過ごす姿が「セレモニー屋」などと揶揄される現状を生んできたのである。

官僚機構が次官を頂点としたピラミッド組織であることは論を俟《ま》たない。そうである以上、頂点に位する次官の役割を根本から見直せば、組織全体の改革を誘発するきっかけに十分なり得るはずだ。魚は頭から腐ると言われるが、二年ごとに続く次官の不祥事を見るにつけ、頭部を抜本的に見直さない限り官僚制度の建て直しは夢のまた夢で終わる。

オーストラリア、韓国がそうであるように、次官のみは政治任用であることを前提として、次官の役割や任期にどのようなタガをはめていくか。単に「大臣を助け、事務を監督する」

という旧態依然とした規定ではなく、次官が先頭に立って行政改革を進める組織改正が必要になる。

その際、次官に課すべき役割にはどのようなものが考えられるか。事務方トップであることを踏まえれば、全府省にまたがる重要課題に取り組むよう義務づけるのがベストの選択であろう。重要課題を解決する、解決に至らないまでもそれに向けた筋道を提案してもらい、事務次官の具体策を業績として評価し、ランク付けすることで人事や賞与などに反映させる新たな仕組みが求められる。

さらに一歩進めて、次官に義務づける重要課題にはどんな選択肢があるか。挙げろと言われれば幾多のテーマが思い浮かぶが、当面、霞が関で解決が急がれる優先課題といえば、とくに中堅から若手を対象とした働き方改革に絞られると言っていいだろう。すっかり霞が関の代名詞のようになった〝ブラック職場〟の解消であり、もはや一〇年以上も前からこの問題が指摘されながら、一向に改善されない現状を踏まえ、全府省次官に実効の上がる解決策づくりを競わせ、しかもそれを業績評価によって甲乙をつけるのである。

次官とて、いきなり各省のトップに就いたわけではなく、新人の時代から一歩一歩コースを駆け上がって頂点に辿り着いた。その間三十数年、自身も国会待機をはじめとする長時間労働を経験し、政と官の歪んだ関係、官僚機構が抱える旧弊などに不満や矛盾を感じてきたはずであり、組織の後輩たちを代表して改革の先頭に立ってもらうのだ。

業績評価の結果によっては、オーストラリアのように賞与に数百万円の差をつけてもいい。いや、五つの事務次官ポストを射止めたイアン・ワットのように、優秀な人物には数ヶ所の次官を経験させてもいいではないか。「大臣を助け、事務を監督する」だけの名誉職を、毎年のように順繰りに生み出しているだけでは、官の改革が十年一日の如く停滞するばかりで進展は到底期待できない。

次官ポストの改革案

近年の霞が関人事の傾向について、前章で触れた北村亘大阪大学大学院法学研究科教授は、こんなうがった見方を明らかにした。

「政治主導の高まりで、政治家による官僚への責任追及が顕著になってから、どこの省庁も人事のローテーションが短くなっていますね。政治家から「この文書は誰が書いた?」と追及されないよう、もっと言えば、政治に人事で介入されるのを避け、責任を取らせないために短期間で動かす傾向が強まっているように思います」

どの階層で、どれだけ人事の間隔が短くなっているか、もちろん正式な統計として公表されたものはない。ただ、事務次官の在職年数の推移（大蔵・財務省）を検証した図表3で明らかになったように、戦前は一年九ヶ月だったものが、戦後は一年四ヶ月、平成以降は一年二ヶ月と、年を追って限りなく一年に近づきつつあるのは明白な事実である。

ここから北村は、「私の個人的見解だが」と前置きしながら、とくに次官の在職年数や次官制度のあり方に苦言を呈した。まず一年強まで短くなった次官の任期について、「いくら上がりポストと言っても、もう少し長くやって責任を取ったほうがいい。訓示を垂れるだけの職責と思われないためにも、何らかの形で競争原理を導入する必要があるのではないか」と持論を述べた。

オーストラリアや韓国のように、せめて在任期間を三年、できれば二年延長可能な五年にするのが望ましいと筆者は考える。これだけの任期を与えられれば、リスクを取らず大過なく過ごせばいいと日和見を決め込むわけにもいかず、何らかの成果を出さずにはいられなくなる。官僚は毎年のようにポストが替わって責任を取らない、とよく批判の対象になるが、癒着を避けるために中堅から若手はそれでいいとしても、次官を含む幹部クラスはいきなり五年が無理なら最低三年（一年勉強、二年政策作成、三年実施）を原則にすべきではないか。

北村はまた、「指定職クラスの人は採用された府省の垣根を超えた横異動の対象にしていい」との考えから、「例えば、一週間のうち何日は農水省のこのポスト、残りの何日は経産省のこのポストと、本人の意思を確認して動かすのはどうか」と提案した。さらにもう一歩踏み込んで、最高位の次官ポストについても、「農水省の人を財務省の次官にしてもいいと思う。最終的に次官を三つぐらいやってもいいのではないか」と、究極の横異動を推奨してみせた。

非常に前向きな改革の方向性だが、北村が代表を務めた官僚意識調査では、こうした一連の見解に強い拒否反応が表れた。「各府省の指定職以上は、府省の内外から政治任用で登用すべきである」という問いに対し、「そう思わない」「全くそう思わない」の否定派が九二・五％の高い比率を占めたのだ。

年次主義に固執する旧態依然とした人材登用に風穴を開けない限り、日本の官僚機構は劣化の一途を辿るばかりである。オーストラリアＳＥＳ、韓国ＳＣＳを参考にと大上段に振りかぶり、幹部公務員全体に業績評価や公募の網をかけようとすると、霞が関全体に反対の大合唱が湧き起こって改革が無に帰するのがオチだ。であればこそ隗《かい》より始めよで、事務次官ポストの見直しに的を絞って着手するのが現実的だろう。

6章

民間と女性の力

改革なるか人事院

1　外資流の人事院改革

人事院のトップに座る女性

国家公務員の人事管理を担う人事院に、これまでにない変革の兆しが見え始めた。霞が関にあって人事院は陰で「ひとごと院」などと揶揄されるように、国家公務員の人事管理を所轄する役所でありながら、実態は給与などの勧告でしか存在感を示すことがなかった。それが組織のトップ三人のうち、二人が外資系企業出身者で占められるようになったのだ。今後の霞が関改革の先行きは不透明だが、徐々に欧米流の能力、実績主義が浸透していくのではないか、と期待する声が高まっている。

人事院は公務員の給与など勤労条件の改定、採用や任免の基準づくり、研修による人材育成を主な業務にする霞が関の一機関である。特定の閣僚を置かず、人事院勧告に代表されるように、国会や内閣に勧告して政策を実現する特殊な組織と言っていい。

そして国家公務員法第四条は、人事院の「職員」について以下のように規定する。

「人事院は、人事官三人をもつて、これを組織する」（第一項）
「人事官のうち一人は、総裁として命ぜられる」（第二項）

この規定に沿い、三人の人事官が政策を統括し、このうち一人が総裁に就く仕組みだ。従来、総裁や人事官は霞が関、法曹界、国内企業の出身者がほとんどで、前任の総裁には元裁判官の一宮なほみが就いていた。

その後任として、二〇二一年六月、白羽の矢が立ったのが外資系コンサルティング会社マッキンゼー・アンド・カンパニーに勤務経験のある川本裕子早稲田大学大学院経営管理研究科教授だった。女性初の総裁だった一宮から、二代続けて女性が人事院のトップに座った。

タブーに踏み込んだ改革

川本は、一九八二（昭和五十七）年に東大文学部を卒業後、東京銀行（現三菱ＵＦＪ銀行）に一般職として入行。官僚の夫の留学に同行し、自身も英オックスフォード大学大学院で修士号を取得した。

帰国後、日本企業への就職を模索したが、当時は女性に門戸が開かれておらず、女性を中途採用していた外資系のマッキンゼーに入った。小泉純一郎政権が進めた道路公団改革で民営化推進委員会の委員に加わり、古い体質の道路行政見直しに向けて自論を展開、改革派として注目を集めた。

早大大学院教授として、金融機関の経営や企業統治などを専門にしてきた一方、三菱ＵＦＪファイナンシャル・グループ取締役をはじめ、日本取引所グループやソフトバンクグループの社外取締役を務め、実践してきた。

民間企業、それも米企業に籍を置いた経験がそうさせるのか、川本は就任直後から次々と改善策を打ち出した。就任から二ヶ月後の二一年八月、給与の支給水準の勧告に合わせ、国家公務員の労働環境に関する見直し案を内閣と国会に報告した。

長時間労働の代名詞となった霞が関に働き方改革を強く促す内容で、以下の柱で構成されている。

- 二二年度から国家公務員総合職試験に「デジタル」の区分を新設する。
- 任期付き職員の採用に関し、人事院の審査によらず各省庁が独自にできるようにする。

- 原則一回しか認められない男性の育児休業取得を、原則二回できるように法改正する。
- 不妊治療のための原則五日、最長一〇日の有給休暇を新設する。
- 超過勤務の原因である国会対応業務の改善を図る。
- 超過勤務手当の適正な支給について各省を指導する。

川本版働き方改革とも言える内容で、オープンかつ女性の視点が随所に盛り込まれた。特に注目されるのは、国会対応業務の改善を明記した点であり、政と官との関係で言及を避けてきたタブーに踏み込んだのは改革に賭ける意気込みのほどが窺える。官僚の劣化が著しく進む時代の要請もあり、川本の手腕に期待が高まって前のめりな報告書の作成につながったと見られる。

あとは報告内容をいかに実現に結びつけるかだが、政治との調整には幾多の困難が待ち受ける。それをどう突破していくのか、「女性、外資系企業出身」の前評判をどう強みに生かしていけるか、新総裁の戦略が大いに試されるところではある。

外資系出身者ならではの改革なるか？

川本には力強い援軍が、すでに加わっている。人事官に任命された伊藤かつらであり、「女性、外資系出身」の共通点を同じくする。幹部三人のうち二人がこうした経歴で占められた人事院は、徐々に変わっていかざるをえない宿命にあるのだろう。

伊藤の人事官就任を審議した二二年三月の国会で、公務員制度の見直しに関連して、「採用年次にとらわれず能力主義に基づく人事管理が行われ、ファストパスのような昇進があってもいい」と表明。キャリア制度そのものの改革に言及した。

前例を踏襲する限り、人事官三人のうち二人が女性で、しかも外資系企業出身者という並びはとても考えられない布陣であった。そんな人事が現実に日の目を見たのは、官の側も変わらざるをえないと痛感した結果であり、役人の人事政策を司る人事院自らが範を示したものと受け取れないこともない。5章で触れた人事院出身の嶋田博子京大教授は、次のように話した。

「外資系企業では、基本的に決断の速さ、効率性、目標達成などが求められるので、新体制では政策の打ち出しで機動性が増すのではないでしょうか。人事院が発表する資料も、フローチャートを使って視覚化するとか、国民向けのプレゼンの仕方が大きく変わっていくのではないかと思います」

公募採用の是非

人事院の報告書には明記されなかったものの、国家公務員制度の本丸を突く改革があるとすれば、「本人の専門性を最大限生かした公募採用」が最も重要な解になると指摘する声は根強い。公募採用が持つ改革へのインパクトとは何か――その答えに辿り着くためには、公務員の能力や実績を任命プロセスの基準とする「資格任用」の原則から説き起こす必要がある。

そもそも戦後の国家公務員法は第三七条で、採用試験だけでなく昇進にも試験を課し、本人の能力・実績を評価して任命する「資格任用」を原則としていたが、現場の不興を買ったため一回限りで沙汰止みになったことはすでに述べた。その後、内閣人事局創設などを柱にした国家公務員制度改革が実現する中で、第三七条は削除される運命を辿った。

イギリスやオーストラリアでは一般的な幹部公務員の公募制だが、日本の風土にはなかなか馴染まず、定着には程遠い。何がネックになっているかと言えば、職務の定義や人事評価のあり方が曖昧なため、表立って対象となるポストの採用基準が明確に示されていないことだ。

よく日本の会社で人材を採用する際、人事担当者の「あなたは何ができますか？」という質問に対し、「課長ならできます」と答えるジョークがあるが、官僚組織も職務の定義という点で似たような状況にあるのは明らかだ。

さすがに次官となると官界最高位のポストであり、「次官ならできます」という答えは荒唐無稽な仮の話にすぎないが、少なくとも現状のままの定義では公募採用を導入しようにも現実味は薄い。次官に限らず、あらゆる官界のポストについて職務の定義と人事評価のあり方を明確にし、キャリア官僚の能力や専門性が市場で評価されるシステムを確立する必要がある。

近年、民間企業で「ジョブ型」人事の方向性が模索されているが、職務要件を明確にしたスペシャリストとしての専門性を評価する仕組みを整える作業を急がなければならない。

公募の裏側

官界にも公募制の導入が不可欠の時代を迎えているなか、霞が関にあってまったく未開拓の分野というわけではない。細々とではあるが、職員の公募を実践に移している事例がいくつか散見され、その中の一つを紹介してみよう。
「内閣審議官の公募について」と題し、二〇一九年四月に出された募集内容によると、以下の要件が示されている。

内閣官房副長官補付の内閣審議官ポストについて、高い能力を有する職員を出身府省の壁を超えて登用するため、オール霞が関での公募による候補者の選考を行うこととする。

一、公募する職員
内閣審議官（部長級）　三名
二、職務内容
①まち・ひと・しごと創生本部事務局次長
②イノベーション推進室審議官
③デジタル市場競争評価体制準備室次長
三、任期等
任期は原則として二年間とする。

任期終了後は原則として出身府省に復帰するものとする。
四、応募資格
各府省の職員
・部長級職員に加え、課長級の職員の応募も可能とする。
・職種、年齢は問わない。

この職務内容については、別紙に詳細が記述されているが、政府内でも重要案件の一つである「デジタル市場競争評価体制準備室次長」に関して、さらに嚙み砕いたポイントが書かれている。

グローバルに急速に変化するデジタル市場について、競争状況を的確に評価し、国際連携を図りつつ、競争を促進する観点から制度設計の企画立案を行う。
1、デジタル市場に対応した制度設計
2、デジタル市場の競争状況の評価と国際連携
(求められる能力)

・デジタル政策や競争政策やイノベーション政策に関する知見を有すること
・事業者・関係省庁との高度な総合調整能力を有すること
・最新のデジタル市場の動向を理解し、未来志向でイノベーションフレンドリーな企画・立案能力を有すること
・英語等の外国語ができ、外国の行政機関とのネットワークを構築する能力と国際的な交渉経験を有すること

これらの求められる能力が、市場で評価される専門性の具体例になるのだろうが、やや抽象的で文面だけではわかりにくい部分がある。ここで紹介した公募は、あくまで霞が関の中だけで完結するものであり、これを官から民へ広げようとすると、必要十分な募集要件にはならないだろう。

ジョブ型とメンバーシップ型

実は、二〇〇八年に成立した国家公務員制度改革基本法では、公募する幹部職員の数値目標を定めるよう明記している。だが、一〇年以上経った今も遵守されておらず、前述の数少

ない事例が実施されているにすぎない。オーストラリアや韓国などの例にあるように、霞が関内で公募をさらに増やし、その先に官民交流のさらなる充実を図っていくことが官の再生につながるように思える。

改めて、職務内容を明確に規定し、それに見合う人材を起用する「ジョブ型雇用」について説明しておこう。

欧米で当たり前に実施されているジョブ型は、職務ごとに必要なスキルを明記したジョブディスクリプション（職務記述書）をもとに人材を募集する。賃金も職務に応じて決まる仕組みなので、両者の関係に透明性が高く、応募する側も判断がつきやすい。ジョブ型は主として外部人材の採用を目的に社内外に公開するが、社内の人材とも競わせて挑戦意欲を引き出す効果も生まれる。

一方、日本では職務を限定しない「メンバーシップ型雇用」が一般的である。ジョブ型がスペシャリストの養成に力を発揮するのに比べ、幅広い仕事を経験するメンバーシップ型はゼネラリストを育てるのに向いている。日本型雇用慣行を象徴する終身雇用・年功序列と、メンバーシップ型は一体で運用されてきた歴史がある。

ゼネラリストの養成と言えば、キャリア官僚制度がその最たるものであろう。国家公務員試験の採用枠も「総合職」と呼ばれるように、入省後はいくつもの部局に籍を置き、多様な職務をこなしながらポストを上がっていく。

公募はどこまで可能か

だが、業績評価といった競争原理が必ずしも明確でない〝総合職型〟を今後も続けて、官僚の真の再生があり得るのだろうかと疑問を抱かざるをえない。ジョブ型とは職務や賃金の規定が明記されているだけに、広く外部に人材を募る公募型採用に向いており、日本の官界もデジタルやイノベーションなど一部の専門分野だけでなく、広範なポストに公募を導入すべき時期に来ているように思う。

内閣人事局の創設と並んで、国家公務員制度改革基本法の議論の際、一つの重いテーマとして挙がった「公募」について黒江哲郎元防衛省次官の見解を質してみた。二二年三月に出された「国家公務員の働き方改革を検討する若手官僚のチーム」の中間報告にも、多様な人材の確保と育成の観点から「公募」の必要性が強調されている。

最近マスコミなどでもよく取り上げられるように、「公募」には「ジョブ型」と呼ばれる取り決めが対になっていなければならない。要するに、職務とそのスキルなどが正確に明記されて、初めて「こういうポストを募集します」と公募がかけられる理屈だ。

その点を含めて黒江に問うてみると、こんな答えが返ってきた。

「次官に限らず、公募に馴染むポストが必要になってきているのかもしれません。ただ、国家安全保障、防衛といった分野は専門性が高く、どう（公募を）適用できるか、私は二の足を踏みますし、簡単に結論が出る問題ではないですね」

そう考える理由について、黒江はさらに続けた。

「例えば、新たな装備や技術、戦い方などを導入しないと、自衛隊の戦力は近代化されませんという声が高まる可能性がある。その時、本当にイノベーティブ（革新的）なところ、これまでの発想と違うところで対応しないといけないという局面が出てきて、従来と違った発想やノウハウをどこからか持ってこないといけないということが起こるかもしれない。ただ、そんな場合でも相手は軍事組織なので極めて高い専門性が求められるし、国の安全に関わる問題なので安定した舵取りが必要になる。公募によって新しいポストを導入します、といきなり言っていいのか、私はやはり現時点では二の足を踏みますね」

その上で、「防衛は最後まで民営化できない公益だから」と付け加え、霞が関における防衛省の特殊な位置づけを強調した。

2　官界に根づく男尊女卑

次官になった女性は何人いる?

「事務次官」を主題に据えた本書だが、固定観念として「東大法学部卒」と同時に、「男性」をイメージしている読者が多いのではないか。明治時代に今日のキャリアにつながる官僚制度が誕生して百数十年、東大法卒と男性はワンセットのように見られてきたのだから当然と言えば当然であった。

クイズもどきの質問になって恐縮だが、戦後に就任した次官の中で、いったい女性は何人ぐらいいただろう。ここでは「次官級」ではなく、あくまで事務次官のポストに就任したかどうかを前提とする。

その問いに対する答えは、

松原亘子《のぶこ》労働事務次官

村木厚子厚生労働事務次官

のたった二人に過ぎない。

各省官制発足後、霞が関で何人の次官が誕生したか詳《つまび》らかではないが、財務省（旧大蔵省）だけで九〇人超にのぼることから連想してみる。この間、府省の統廃合が進んだため、すべての府省の次官数を集計するのは至難の業であり、現在ある一府一二省庁を最少ラインとすると、九〇人の一二倍にあたる一〇〇〇人を優に超える次官が生まれた勘定になる。そのうち女性次官がわずか二人ということは、確率にして〇・二％しか就任できず、キャリア官僚の世界がいかに男性優位であったかを如実に示す数字ではある。

女性次官のプロフィール

その稀少（?）な、女性次官二人の経歴を見ておこう。

［松原亘子］六四年東大教養学部卒業後、労働省（現厚生労働省）入省。婦人少年局婦人労働課企画官、国際労働課長、官房審議官などを経て、九一年婦人局長。その後、労働基準局長、労政局長を歴任し、九七年労働事務次官に就任。

一年三ヶ月の任期を務めて、九八年十月に退官。日本障害者雇用促進協会会長や、イタリア特命全権大使、大和証券グループ本社取締役など要職を務めた。

［村木厚子］七八年高知大学文理学部卒業後、労働省入省。障害者雇用対策課長、障害保健福祉部企画課長、官房政策評価審議官などを経て、〇八年雇用均等・児童家庭局長に就任。女性や障害者政策を中心に順調なキャリアを積んできたが、〇九年、思いも寄らぬ事件が身に振りかかる。郵便不正事件に関連して、虚偽公文書作成、同行使の容疑で逮捕、大阪地検に起訴されて刑事被告人となった。

ところが、事態は予想もしない方向へ動く。担当検事によるフロッピーディスク改竄《かいざん》の事実が明るみに出て、検察側の準抗告が却下され保釈となる。一〇年九月、大阪地裁で判決が言い渡され、懲役一年六月の求刑に対し、無罪の判決を勝ち取った。一六四日間に及ぶ勾留の末、晴れて無実の身であることが証明されたのだ。

起訴に伴う休職が解かれ、大臣官房付に復職すると、新たなポストが村木を待っていた。内閣府に出向して政策統括官（待機児童ゼロ特命チーム事務局長併任）に就いた後、社会・援護局長から一三年七月厚生労働事務次官のポストを射止めた。二年三ヶ月後の一五年十月に退官、現在は津田塾大学総合政策学部客員教授を務める。
たった二人の次官のうち、村木の経歴は特異さが際立つと言っていい。冤罪ではあったが、一時は刑事被告人の立場にあったキャリア官僚が、復職して事務次官にまで駆け上がるとは誰が想像しただろう。本人の実力もさることながら、運命の巡り合わせを感じさせるものがあり、村木は自書『私は負けない』（中央公論新社）の中で、人事についてこんな感想を述べている。

「局長や次官になったではないか、お前は勝ち組だと言われるかもしれませんが、昇進というのは結果なんです。たまたまポストが空いたとか、たまたまやった仕事が評価されたとか、「たまたま」が重なった結果、今の立場があるだけ。私が勝ちを取りに行ったものとは違います」

なるほど、人事には時の運というか、人知を超える何かが作用することも確かだ。それを「たまたま」で片づけられるかはともかく、場合によっては我が身を亡ぼしかねない冤罪に見舞われながら、官僚最高位の事務次官を射止めたのは、次官の歴史の中でも特筆すべきケースであるのは明らかだ。

それと、二人の女性次官がいずれも労働省出身なのは何を意味するのか。松原の一四年後輩が村木であり、何年に一人と年次に法則性があるわけではないものの、二人がともに労働官僚だったのは、婦人少年局とか児童家庭局とか、「女性でも務まりやすい」とされた役所であったことに由来するのだろうか。逆に、労働省以外の府省からいまだに女性次官が誕生していないのは、なぜなのか、と首を傾《かし》げざるをえない。

女性キャリアの「3K」とは何か？

戦後、女性の事務次官が二人しか誕生していないのは、いかに官僚の世界が男社会で回ってきたかを示す恰好の事例だ。では、なぜ、女性に次官への門戸が開かれなかったのか。根源的な要因を、前出の嶋田教授に尋ねた。

官僚人事一筋の役人人生を送ってきた嶋田に対し、やはり霞が関における女性の位置づけから見解を聞いてみたいと思った。「戦後、女性次官はたった二人」の月並な質問については、「次官連絡会議メンバーである消費者庁長官も女性が歴代務めていますし、肩書きは違っても次官級ポストまで含めれば女性のトップはかなり出ています」と、やや矛先を変えて答えを返した。

本書が「事務次官」をメインテーマに据えていることを改めて伝え、女性次官のあまりの少なさを問うてみると、それは当然至極なことといった表情で話を続けた。

「確かにそうですが、そもそも私たちがI種試験を受けた三十数年前は、女性をほとんど採っていませんでした。たとえ試験に合格しても、大きな役所は面接段階で門前払いの状態だった。女性を採用した場合でも、最初から次官候補とは見ていなくて、いわゆる３Ｋ要員とみなすのが当たり前と考えられていた時代だったのです」

「３Ｋ？　きつい、汚い、危険な職場、という意味ですか？」

「いいえ、ここでいう３Ｋは、国際調査、広報、研修の三つの部門を指します。もちろん省ごとの応用形もあります」

つまり女性キャリアは、これら三部門に象徴される特定分野に回されることが多かった。政治家と丁々発止、政策論議を戦わすのは男性の仕事で、女性はいわゆる日本的な根回しの少ない、３Ｋ職場に配属されるのが一般的だったというのである。

将来の事務次官を期待される男性とは、スタートから異なる物差しで採用され、育成方法も別枠の扱いを受けていた。そうした人事が数十年近く続いたなか、掛け声だけは「女性登用」を叫んでも、それにふさわしい人材を育てていないのが実態だったのだ。

だが、時代は少しずつ変化している。本格的に人材を育てるには三〇年かかるといわれるが、女性の活躍を促すさまざまな施策が徐々に実を結び始め、「一九九〇年代に入った女性キャリアから、３Ｋでない職場に配属されるケースが増えてきた。今の課長級の人たちはバランスよくポストを回っているし、年齢で言うと四十代半ばの人たちは普通に育ってきていると思いますね」と、嶋田は霞が関に広がる変化の兆しを指摘した。

女性幹部登用の目標値

官界に根付く〝男尊女卑〟とも言える現状に、政府も手をこまぬいているわけではない。中央省庁の女性幹部登用に、第五次男女共同参画基本計画で目標を定めている。これは二〇二〇年に設定した二五年度末までの目標になるが、毎年度の総合職採用者の三五％以上を女性とする目標を掲げており、二一年度の実績は三四・一％とあと一歩のところまできた。今や、毎年採用されるキャリアの三分の一強が女性で占められている。キャリア官僚への女性の採用比率は、かつての少数派からかなりの勢力に拡大しつつあるのが実情だ。

この計画では同様に、事務次官や局長など指定職に占める女性の割合を八％に、課長や室長級は一〇%に増やす方針を掲げている。ちなみに、設定時の二〇年七月時点の指定職の女性比率は四・四%、課長・室長級のそれは五・九%にとどまり、相当のペースで女性登用を進めないと低水準からの脱却は絵に描いた餅で終わる。

将来の女性比率上昇を睨んだ時、明るい兆しも見え始めている。二一年度の国家公務員総合職試験の志望者のうち、女性は五七七二人で全体の四〇・三%を占め、初めて四割を超えた。

ここ数年、志望者に占める女性の割合が増えているのは確かで、女性登用の面では歓迎すべき徴候といえる。ただし、男性を含む総合職の志望者総数が減った中での四割超えであり、男性激減に伴う押し上げ効果を考えると素直に喜べない数字ではある。

民間の管理職に占める女性の割合について、金融庁は上場企業を対象に開示を義務づける方針をまとめた。早ければ、二三年の有価証券報告書から適用する。

管理的職業従事者に占める女性の割合は二〇年で一三・三%、欧米の三~四割に比べると日本の比率は極めて低く、いかに押し上げるかが問われる。ただし、民間企業の尻を叩こうとする金融庁の意気込みもわからないではないが、何ごとも隗《かい》より始めよで、霞が関が女性次官を増やすなど規範を示すことが先決ではないか。

エピローグ――「失敗の本質」

事務次官会議の廃止は過去に起きた現実（のちに復活）だったが、これまで次官制度そのものの廃止が官僚制度改革の対象になることはほとんどなかった。ここで「ほとんど」と曖昧な表現を使ったのは、官僚批判を党是のように掲げたかつての民主党の中に、次官会議の廃止と同時に、次官そのものの廃止も改革の一項目にすべきだとの意見があったからだ。

結局、次官廃止論は大きな流れにはならなかったものの、今でも一部の政治家の間にこの考えを支持する声がある。その理由として、以下の三つのポイントを挙げる声がよく聞かれるが、改めてそれらを列記してみよう。

一、国会に呼ばれることがない。

二、天下りの制度的元凶である。
三、降格されることがない。

まず、一つ目の「国会に呼ばれることがない」については、次官本人が責任追及の対象になる場合を除いて、国家行政組織法に定める「事務を監督する」立場で出席を求められることがなかった。国権の最高機関である国会での質問にすらさらされず、事務方トップとして聖域視される存在と見られてきた。なぜ国会への出席を拒むことができたのか、法的な根拠はどこにもなく、ただ〝慣例〟としてそういう措置が取られてきただけのことである。

二つ目の天下りに関する指摘は、次官経験者といえども、近年天下り先が極端に先細り、かつてほど激しい批判を浴びるケースは少なくなっている。それでも入省同期の中から原則一人の次官を輩出する現在の人事制度が続く限り、天下りの制度的元凶であるという批判は常につきまとう。

それは、国家公務員総合職試験に合格して各府省庁に採用されたキャリア組の出世競争が、同期の中でのみ戦わされる仕組みだからだ。極端な言い方をすれば、一人の次官を生むためにその他の同期入省者は課長職の最後の頃から一人、二人と徐々に役所を去らざるをえない宿命にある。出世レースに敗れた者は早期の天下りを余儀なくされ、結果的に最後の勝利者として残った者が次官の椅子を射止め、天下り先もより大規模で格の高い組織が用意される。最近は、同期で二人、中には七九年入省組のように財務省から三人の次官が出た期もあり、次官同士の天下り競争も熾烈になっている。いずれにせよ、同期による勝ち残りを前提とした順送り人事が続く以上、天下りの仕組みも先細りの状態が続くとはいえ、決してなくなることはない。

そして三つ目、降格されることがない慣例である。これも法的に明記された条文があるわけではないが、例えば次官が局長や審議官に降格になった例は聞いたことがない。ちなみに九八年の大蔵省不祥事の際、武藤敏郎官房長（六六年、のち次官）が前のポストだった総務審議官に降格されたケースはあったが、この時小村武次官（六三年）だけは降格ではなく、辞任を迫られることになった。

では、次官がなぜ、降格にならないのか。恐らくその答えは単純で、事務方最高位を務めた人間をそれ以下のポストにつけるのは、本人のメンツはもとより外向けの体面にも支障があると考えた結果なのだろう。1章の「その椅子のあまりに軽き」でも触れたように、次官は最終的に辞任という形で責任を取らされるのが現実的な解決策になるということだ。

「降格されることがない」事実に絡んで、事務次官のあり方が旧日本軍の人事制度によく似ているると指摘する声がある。明治維新を経て日本は新たな夜明けを迎え、官僚制度も軍隊組織も伊藤博文や山縣有朋を中心に人事制度が確立されてきたことを思えば、どこかで類似点があったとしても不思議ではない。そうした視点から興味深い示唆を与えてくれるのが、『失敗の本質──日本軍の組織論的研究』（ダイヤモンド社、のち中公文庫）であり、同書二章の「組織上の失敗要因分析－人的ネットワーク偏重の組織構造」の部分に明快に論述されているので、引用を交えて論を進めることにする。

太平洋戦争末期、日本軍は敗走に敗走を重ねて壊滅的な敗戦に至るが、著書の中では主にノモンハン事件とインパール作戦を俎上に載せて失敗の本質に迫ろうとしている。前者のノモンハン事件は一九三九（昭和十四）年、旧満州国とモンゴルとの間の国境線をめぐって日本とソ連両軍が交戦し、日本軍が大敗を喫した軍事衝突。後者のインパール作戦は四四（同十九）年、インドとミャンマーの国境近くに日本軍が侵攻し、マラリアや赤痢など感染症の蔓延で三万人を超える死者を出して敗走、「史上最悪の作戦」と今も語り継がれる。

日本の関東軍が大本営の方針に反し独断で戦線を拡大したノモンハン事件、補給路を軽視した杜撰《ずさん》な計画で多数の犠牲者を生んだインパール作戦──いずれも日本が敗戦に向かって突き進む象徴的な出来事と言っていい。この二つの失敗を当時の軍中枢の動向と重ね合わせ、以下のような事実認識を明確に打ち出す。

「日本軍が戦前において高度の官僚制を採用した最も合理的な組織であったはずであるにもかかわらず、その実体は、官僚制のなかに情緒性を混在させ、インフォーマルな人的ネットワークが強力に機能するという特異な組織であることを示している」

こうした認識を補強する見解として次の三つの視点を挙げ、「組織とメンバーとの共生を志向するために、人間と人間との間の関係（対人関係）それ自体が最も価値あるものとされるという「日本的集団主義」に立脚している」と総括する。

①組織内部におけるリーダーシップは、往々にしてラインの長やトップから発揮されずに幕僚によって下から発揮された。いわゆる幕僚統帥である。

②軍事組織としてのきわめて明確な官僚制的組織階層が存在しながら、強い情緒的結合と個人の下剋上的突出を許容するシステムを共存させたのが日本軍の組織構造上の特異性である。

③官僚制の機能が期待される強い時間的制約のもとでさえ、階層による意思決定システムは効率的に機能せず、根回しと腹のすり合わせによる意思決定が行われていた。

これに対し、米軍の作戦展開はどのようなものだったのか。日本軍の失敗を象徴的に物語る「日本的集団主義」とは対照的に、米軍にはダイナミックな人事システムが導入されていた。それは将官の任命制度にも生かされ、米海軍では一般に少将までしか昇進させずに、それ以後は作戦展開の必要に応じて中将、大将に任命し、その任務を終了するとまた元に戻すことによって極めて柔軟な人事配置が可能であった。このような臨機応変の人事システムを採用することにより、「優秀な部員を選抜するとともに、たえず前線の緊張感が導入され、作戦策定に特定の個人のシミがつくこともなかった」として、日米両軍に内在する決定的な違いをこう結論づける。

「「軍令承行令」によって、指揮権について先任、後任の序列を頑なに守った硬直的な日本海軍と対照的である。米軍の人事配置システムは、官僚制が持つ状況変化への適応力の低下という欠陥を是正し、ダイナミズムを注入することに成功したのである。したがって、米軍の組織構造全体は、個人やその間柄を重視する日本軍の集団主義と決定的に異なる原理によって構成されていたということができる。それはすべてがシステムを中心に運営されるとともに、エリートの選別・評価を通じてそのシステムを活性化し、必要に応じて変更することができるという意味での「ダイナミックな構造主義」と呼べるものであった」

日本に官僚制度の骨格が形成されて一三七年、その間三百数十万人にのぼる犠牲者を出した悲惨な戦争の敗北から七八年――日本という国家のあり方を概観する時、失敗の本質を物語る「日本的集団主義」は今も根強く生き残っている。とりわけ霞が関の事務次官を頂点とした人事システムにその残滓がいまだ消えることなく、しぶとく根を張っているように見える。

旧日本軍の「日本的集団主義」を、今日のキャリア官僚制度に当てはめれば、「同質社会における情緒的結合」と言い換えることができる。東大法学部卒を中核に、教育環境も人間関係も多様性に欠ける似た者同士が、ひたすら事務次官の椅子をめざして出世レースを繰り広げる図である。この先も旧態依然とした体制を守り続けていけば、壊滅的な敗北を喫した旧日本軍同様、永遠なる衰退の道を突き進むばかりだろう。

制度改革の選択肢は十指に余るが、本書で提起したかったのは、官僚最高位の事務次官制度の見直しにある。功成り名を遂げ〝名誉職〟に甘んじる彼らに、徹底した競争原理を導入して組織全体の活性化を図るのが狙いだ。次官を柱にした官僚機構に、オーストラリア、韓国の制度導入を検討するとともに、アメリカ流のダイナミックな構造主義も参考に改革を急ぐべき時期に来ている。

最後に、本書を執筆するに当たり、中央公論新社ラクレ編集部部長の黒田剛史さんには大変お世話になりました。日本に官僚制度が創設された当時の資料や文献などのチェックはほとんどお任せし、本書が完成したのも黒田さんのお蔭と心より謝意を表したいと思います。

二〇二三年三月

岸　宣仁

主要参考文献

NHK取材班『霞が関のリアル』岩波書店、二〇二一年
岡本全勝『明るい公務員講座　管理職のオキテ』時事通信社、二〇一九年
北村亘編『現代官僚制の解剖』有斐閣、二〇二二年
黒江哲郎『防衛事務次官　冷や汗日記』朝日新聞出版、二〇二二年
齋藤邦裕編『日本の官庁―その人と組織―大蔵省・経済企画庁一九八七年版』政策時報社、一九八六年
嶋田博子『職業としての官僚』岩波書店、二〇二二年
城山三郎『官僚たちの夏』新潮社、一九八〇年
菅義偉『政治家の覚悟』文藝春秋、二〇二〇年
千正康裕『ブラック霞が関』新潮社、二〇二〇年
田中秀明『官僚たちの冬』小学館、二〇一九年
田中秀明「公務員制度改革―上級管理職制度の意義と課題―（下）」『季刊行政管理研究』一一七号、

二〇〇七年三月
戸部良一ほか『失敗の本質――日本軍の組織論的研究』ダイヤモンド社、一九八四年（中公文庫、一九九一年）
野口雅弘『マックス・ウェーバー』中央公論新社、二〇二〇年
秦郁彦『官僚の研究――日本を創った不滅の集団』講談社、二〇二二年
マックス・ヴェーバー『職業としての政治』岩波書店、一九八〇年
村木厚子『私は負けない』中央公論新社、二〇一三年
村松岐夫『政官スクラム型リーダーシップの崩壊』東洋経済新報社、二〇一〇年
柳澤協二・前川喜平『官僚の本分――「事務次官の乱」の行方』かもがわ出版、二〇二〇年

ラクレとは…la clef=フランス語で「鍵」の意味です。
情報が氾濫するいま、時代を読み解き指針を示す
「知識の鍵」を提供します。

中公新書ラクレ
794

事務次官《じむじかん》という謎《なぞ》

霞《かすみ》が関《せき》の出世《しゅっせ》と人事《じんじ》

2023年5月10日発行

著者……岸《きし》 宣仁《のぶひと》

発行者……安部順一
発行所……中央公論新社
〒100-8152 東京都千代田区大手町 1-7-1
電話……販売 03-5299-1730　編集 03-5299-1870
URL https://www.chuko.co.jp/

本文印刷……三晃印刷
カバー印刷……大熊整美堂
製本……小泉製本

Published by CHUOKORON-SHINSHA, INC.
Printed in Japan ISBN978-4-12-150794-5 C1231

中公新書ラクレ　好評既刊